平凡社新書

926

江戸落語で知る
四季のご馳走

稲田和浩

INADA KAZUHIRO

HEIBONSHA

江戸落語で知る四季のご馳走●目次

終章　江戸の食文化を知るその他の落語

はじめに

「昔はよかった」なんて言うが、昔が今よりいいなんていうことはない。

少なくとも医学が発達して、皆、長生きになった。交通機関が発達して、どこにでも数時間で行くことが出来る。テレビやインターネットで、世の中のことは家にいながら、たいていわかる。

ではなんで、「昔はよかった」なんて言うんだ？　たぶん、昔の人は暢気《のんき》だったんだと思う。あくせくしていなかった。いや、ホントはあくせく働いていたんだけれど、あくせく感がなかった。医学は発達していなかったから、病気は怖いが、病気になったら仕方がないんだ。運が悪かった。

江戸で暮らしていれば、別にそんなに遠くへ行くこともない。江戸が狭かったから、江戸のなかなら数時間で歩いて行かれた。明治から昭和の東京なら、東京市内を路面電車で移動出来た。旅に行くのは人生の大イベント。

テレビやインターネットがなくても、床屋や風呂屋に行けば、少なくとも町内の情報はなんでもわかった。知らないことは、年寄りに聞けば教えてくれた。それでよかったんだ。

夏は暑く、冬は寒い。それが当たり前だった。でも暑いのは嫌だから、さっぱりしたもので酒を飲んだ。寒いのは嫌だから、うどんとか熱いものを食べて寝ちゃった。日本には四季がある。季節の食べ物が日々の楽しみの一つだ。

江戸っ子は「日々を楽しく暮らすこと」を信条としていた。江戸っ子たちにとっては、暑さ寒さ、それに応じた季節の食べ物も楽しみだった。

江戸時代後期にはじまった落語は、江戸っ子の暮らしを描いたものが多い。四季を感じる食べ物の噺も多い。今の感覚で言う「ご馳走」なんてない。でも、季節を味わう、ちょっとした楽しみな「ご馳走」はある。

江戸っ子の「ご馳走」を落語で味わい、少しは暢気に生きてみるのもいいだろう。

第一章

新春

——お正月を飾る庶民のご馳走

一、「かつぎ屋」 雑煮

人が死んでいることだから、笑い事ではないのだが。「餅を喉に詰まらせて死ぬ高齢者」のニュースが毎年のように報道されている。餅を喉に詰まらせて死ぬ高齢者は、かなり昔からいたと思う。

私がそのニュースをはじめて聞いたのは、小学生くらいの時だったと思う。昭和四十年代の半ばで、当時はちょっと笑えるニュースとして報道されていた記憶がある。めでたいはずの正月なのに、死という不幸に見舞われる逆転の笑いだったり、分別のある高齢者が、餅を喉に詰まらせる可能性があるのに、食い意地が張っていて食べて死ぬ、というのもある。あるいは、病気で苦しんで死ぬよりも、好きなものを食べてあっさり死ねれば本望、大往生だという考え方もあるのかもしれない。

餅を喉に詰まらせた時には、掃除機で吸えとか、そんなマニュアルまでニュースでやっていたりする。餅を食べさせなければいいだろうとも思わなくはないが、それでも正月は餅が食べたいものなのだ。

みんな普段は餅なんて、あまり食べない。お汁粉には餅が入っているが、お汁粉屋で餅を喉に詰まらせて死ぬ高齢者のニュースは聞かない。お汁粉の餅は小さいから、詰まっても死ぬほどではないということか。だったら、高齢者のいる家庭は雑煮の餅も小さく切ればいい。

何故、そんなにまでして餅が食べたいのか。

餅は本来、神様に捧げるものだった。お正月の鏡餅は神棚に飾る。

つまり餅を食べるというのは、神様のお裾分けをいただく、という意味なのだ。神様の力が宿った餅をいただくことで、活力を得る。一年を元気で生き抜くためにも、正月に餅を食べる。だから、餅は食べたいから食べるのではなく、多少のリスクはあっても食べなければいけないものなのだ。

いや、活力は神様から得られるのではなく、餅はカロリーが高いからだろう。餅はご飯の倍近くのカロリーがある。活力は得られるが、ダイエットには大敵である。

「かつぎ屋」

正月の商家の風景を描く落語に「かつぎ屋」がある。

商家の主人は「縁起のいいことが大好き」。誰でも大なり小なりはある。茶柱が立つと嬉しかったり。だが、この主人は極端。四六時中縁起をかついでばかりいるから、まわりの人たちから「かつぎ屋」と呼ばれている。

「かつぎ屋」は屋号ではない。この主人の仇名だ。奉公人のなかには、この主人におべんちゃらを言って取り入ろうという奴がいる。縁起のいいことを言っていれば機嫌がいいんだから、こんなに楽なおべんちゃらはない。

一方、わざと縁起の悪いことを言って、主人をからかっている奉公人もいる。

「かつぎ屋」の主人、おべんちゃらを言う番頭、主人をからかう飯炊きの権助《ごんすけ》、こんな人たちの正月風景である。

まずは、橙《だいだい》を井戸神様に納める。こういう風習は、今はない。井戸がない。井戸がまだあった昭和のはじめでも、こんな風習はなかったらしい。落語にだけ残っている江戸の風習なんだろう。

主人が権助を呼ぶ。

「今日はお元日だ。橙を井戸神様に納めてきなさい」

「橙を納めるか?」

「ついでに歌を唱える」

「歌ってえと八木節でも歌うか?」

「八木節じゃない。和歌だ。今、教えてあげるから」

主人は丁寧に歌を教える。

「新玉の年立ちかえる明日より若柳水《わかやぎみず》を汲みはじめにけり」と歌を詠み、そのあと、「これはわざっとお年玉」と言って、橙を井戸に投げ入れる。

「わざっとお年玉」なんていう言い方も今はしない。「わざと」でなく「わざっと」というのが江戸言葉なんだろう。

橙は鏡餅の上に載せる蜜柑みたいな果物である。「代々」に繋がるので、縁起がいいとされているが、食べてもあまりうまくはない。昔から、香料や、風呂に浮かべて、今日でいうところの入浴剤として用いられていた。飾りとして用いるにはちょうどよかった。そんなところから、見た目がよくてもあまり役に立たない人を「橙」と仇名することもあったそうだ。

この重要な役目を主人は権助に命じた。適材適所という言葉を知らないのか。案の定、権助はやらかしてくれる。

「目の玉のでんぐり返る明日には末期《まつご》の水を汲みそめにけり、これはわざっとお人魂」

主人もこんな縁起の悪いことを言う奴はクビにしたいが、正月早々、奉公人をクビにするのも縁起が悪い。そうそうにクビに出来ない理由もあった。

江戸時代、奉公人には二種類あった。一つは子飼いの奉公人。丁稚《でっち》、手代《てだい》と商売の勉強をさせて、ゆくゆくは番頭として店の営業の主力となってゆく。今でいう正社員みたいなものだ。

一方、権助のような者は一期半期の奉公人といって、いわゆる契約社員だ。半年あるいは一年で契約し、飯炊きや掃除、使い走りなどの雑用をやる。その後、更新する者もいれば、別の店に奉公する者、貯めた金を持って故郷に帰る者もいる。

奉公人の目的意識が違う。子飼い、つまり正社員は一生の仕事として商売を覚え、番頭として店のために働き、ゆくゆくは暖簾《のれん》わけをしてもらい店の主人になれる可能性もある、出世が目的なのだ。だが一期半期の契約社員は違う。短期の単純労働で金さえ稼げればいいのだ。

雇い入れる方法からして違う。子飼いは、しかるべき信用のおける人物からの紹介がなければ雇ってもらえなかった。店の現金などを扱うからだろう。信用がなければならない。

一方の一期半期は、桂庵《けいあん》という人材派遣業から斡旋された。つまり、一期半期の奉公人を雇うには、桂庵に派遣の手数料を払わねばならなかった。よほどの問題があればクビにして、桂庵には手数料を返してもらうことも出来たが、ただ気に入らないからだけでは、クビには出来ても、新しい奉公人を雇うにはまた手数料を払わなければならない。だから、簡単にはクビにしないのだ。

やがて用意が整い、「かつぎ屋」一家が雑煮をいただく。家族、奉公人が揃って雑煮をいただく。当時は、餅はご馳走で、雑煮には野菜などもたくさん入っているから、正月の雑煮は粗食の奉公人にはかなり楽しみなご馳走だったに違いない。

奉公人たちから、「明けまして、おめでとうございます」と挨拶をされるのは、「かつぎ屋」の主人としては至福のひと時であろう。

その至福を破る出来事が起こった。雑煮の餅のなかから釘が出て来た。昔はこういうことがあったのだろう。

おべっか番頭、ここが出番だ。

「旦那様、餅のなかから釘が出た、ご当家は今年は金持ちになれる、まことにおめでたいことでございます」

危機管理能力がある番頭だ。金持ち（餅）とはうまいことを言ったが、いたずら心では権助にかなわない。権助がしゃしゃり出て、

「餅のなかから金が出て金持ちなんてことがあるけえ。餅のなかから金が出たのなら、この身代は持ちかねる」

このあとも、縁起かつぎの旦那にはいろんなことが起こる。商家は正月でも、いや、正月だからこそ、忙しいのである。

正月の雑煮の餅は関西では丸餅だが、関東では四角な餅が好まれる。これにもちゃんと理由があり、丸餅はいちいち手でこねなければならない。人口が急増した江戸では、いちいちこねている時間がもったいないと、角に切って使ったそうだ。

正月は雑煮だが、焼いて醬油をつけたり、黄粉《きなこ》をつけたり、菓子としての餅は普段からも食されていた。やはり餅はちょっとした時のご馳走なのである。

二、「厄払い」豆

節分に豆を撒くのは、「魔を滅する」、「魔滅」からきているらしい。

昔の人は季節ごとにいろんなイベントを行った。

節分は立春、立夏、立秋、立冬の前日で、豆撒きをするのは立春の前の節分。まぁ、子供のいる家でもない限り、今では「鬼は外、福は内」と豆撒きをすることはあるまい。

江戸時代は、大晦日にも豆を撒いた。前年の厄を払い新しい年を迎えるというのが豆撒きのコンセプトらしい。

ただ豆を撒くのではなく、豆を撒いて厄を払うのが重要で、江戸時代は「厄払い」という商売の人が家々をまわって歩いた。「厄払い」という商売と言ったが、専業ではおそらくないだろう。節分とか大晦日とか、年に一日か二日しか仕事がない。おそらくは大晦日に「厄払い」をやって、正月には宝船の絵を売る「お宝売り」になるのだろう。

「お宝売り」は前項の「かつぎ屋」の後半に登場する。初夢でいい夢を見られるようにと、七福神の乗った宝船の描いてある紙を枕の下に敷いて寝た。宝船の絵を売り歩くから「お宝売り」である。

ちなみに、初夢のいい夢を、「一富士《いち》、二鷹《に》、三茄子《さんなすび》」などと言うのは聞いたことがあるだろう。富士山は日本一の山だし、それこそ新幹線の車窓から見えただけでも嬉しくなるから、富士山の夢が縁起がよいというのはわかる。鷹も猛々しい鳥だから、まぁ、いい。しかし、茄子の夢が縁起がよいのか？　第一人生で茄子の夢を見たことのある人がどれだけいるのか。

調べてみたら、茄子は「成す」に通じるから縁起がいいという洒落らしい。ちなみに「一富士、二鷹、三茄子」には続きがあって、「四扇、五煙草、六座頭」と続き、それぞれに意味があるらしい。

江戸時代には季節ごとにいろんなイベントがあったから、イベントに縁起物を売る商売で生活が出来た。あるいは、若者のこづかい稼ぎのアルバイトによかったのかもしれない。

「厄払い」

落語でおなじみ、おバカキャラクターの与太郎に、叔父が何か商売をさせようと思い、「厄払い」をやらせることになる。こづかい稼ぎのアルバイトだが、与太郎をちょっとでも働かそうという親心だ。

家々をまわって「厄払い」の口上を言うと、銭と豆をくれる。もらった豆は、それを買い取る業者があった。

「あたいは買ってくれるところを知っているよ」

「ほう、どこで買ってくれるのか知っているのか」

「うん。お豆腐屋さんが買ってくれる」

「馬鹿野郎、炒った豆が豆腐になるか」

「焼き豆腐になる」

バカでは言えない、頓知頓才。あなどれないんだよ、落語のバカは。

ところで、節分で撒く豆は必ず炒ってある。なんでかと言うと、生の豆を撒いて、あとで掃除して拾いきれずに畳の間にでもはさまっていたりすると、しばらくして芽が出てきたりするからだ。すぐに気がつけばいいが、うっかりしていると、ジャックと豆の木状態になる……わけはないが、畳から芽なんか出されたら面倒だから、炒った豆を撒いた。あと、「炒る」が「射る」に通じる、鬼を弓矢で射倒すという意味もあるらしい。

さて、その「厄払い」の口上だ。だいたいこんな感じだ。

「あら、めでたいな、めでたいな、今般今宵のご祝儀に、めでたきことにて払うなら、まず一夜明ければ元朝《がんちょう》の、門に松竹しめ飾り、床にだいだい鏡餅。蓬莱山《ほうらいさん》に舞い遊ぶ、鶴は千年、亀は万年、東方朔《とうほうさく》は八千年《はっせんざい》、浦島太郎は三千年《さんぜんねん》、三浦の大介《おおすけ》百六つ、この三長年が集まりて、酒盛りなさんとするところ、悪魔外道《あくまげどう》が飛んで出て妨げなさんとするところ、この厄払いがかいつまみ、西の海へと思えども、蓬莱山のことなれば、須弥山《しゅみせん》の方へ、さらーりさらーり」

元日や立春の前日であるから、やはり、めでたい。厄を払うというのが縁起ものということだ。朝が来れば、元朝、お正月である。しめ飾り、鏡餅と、正月の風物が語られる。鶴は千年、亀は万年も、正月の飾りの鶴亀だ。

東方朔とは中国の昔の政治家。八千歳まで生きた？　中国だから、白髪三千丈（唐の詩人、李白の「秋浦歌」にある誇張の表現）じゃないが、ちょっとオーバーに言っているのかもしれない。

浦島太郎、玉手箱を開けたら三千歳のおじいさんになった、これもかなりオーバーな数字だ。

三浦の大介、横浜ベイスターズの浜の番長じゃない。源氏の武将で、かなりリアルに百六歳、実際には、源頼朝の挙兵に応援に行き善戦するも衣笠城（横須賀）で討ち死にした。時に八十九歳。百六歳はちょっと多めに言ったが、かなり長命であった。

とにかく長生きでめでたい三人が酒盛りをしていた。それを悪魔外道が邪魔するってんで、厄払いが悪魔外道をつまみ出して、須弥山というから、インドの宗教上、世界の中心である山に、さらーりさらーり、流してしまおうという文句である。

厄払いは悪魔外道を追っ払ってくれる、というわけだ。

厄払いは今日では、まったく見かけない。厄払いの口上というのも聞いたことがない。ただ、厄日だとか、厄年なんていうのは、今でも言う。厄年は、男性が二十五歳、四十二歳、六十歳、女性が十九歳、三十三歳で、今でも寺や神社で厄払いをしてもらうことがある。

豆撒きも家庭ではあまりやらない。寺や神社では、力士や芸能人を呼んで、セレモニーとしての豆撒きをやるところは多い。普通に豆を撒く場合もあるが、参詣客が拾ってあとで食べられるように袋に入れて撒くところもある。やはり、豆はセレモニーの道具でなく食べ物で、寺や神社でもらった豆を食べるのは、神の力で福を呼び込むことになるのだろう。

豆は歳の数だけ食べる、と言われているが、育ち盛りの子供は少ししか食べられず、六十、七十の高齢者がそんなに食べなきゃならないのはしんどい。節分の食べ物も変わりつつある。

最近では、豆よりも、スーパーでは「恵方巻」という巻き寿司が売られている。伝統でもなんでもない、スーパーの儲け主義だと批判の声もよく聞く。たしかに子供の頃は巻き寿司なんか食べなかった。

どうやら関西の風習らしい。今から三十年くらい前に上方の新作落語で聞いた。桂あやめがやった「京阪神日常事変」、京都と大阪と神戸の女の子の会話で綴《つづ》るが、それぞれの土地の女の微妙な性格の違いが描かれる。そのなかの一人が、

「干支の方角にむかって巻き寿司嚙む」

と言う。「嚙む」っていうのは「かぶりつく」みたいな意味らしい。

「なんやそれ?」と落語のなかでも、家で「巻き寿司嚙む」と言った女が突っ込まれていた。三十年くらい前、上方でも古い風習だったのだろう。食べる家もあったが、そんな風

習は知らない家もあった。

ネットの情報では、花柳界の風習だというのが出ていたが真偽のほどはわからない。

だが、玉子焼きや干瓢《かんぴょう》が巻いてあって、甘い巻き寿司は子供も好き。スーパーでは、ちょっと豪華な海鮮巻きや、とんかつ巻きなんかも売られていて、子供は楽しいんじゃないかと思う。

スーパーの儲け主義というよりは、企業努力と考えてもいい。季節のイベント的な食べ物も時代によって変わってゆくのだろう。

三、「明烏」赤飯と甘納豆

おめでたい時に食べる料理に、赤飯がある。

赤飯というと、ご馳走というイメージは今でもある。焼き魚や煮しめなどのおかずがあってもいいが、おかずなんかなくて、胡麻塩だけでも食べられる、という人もいるかもしれない。

原料は糯《もち》米だから、カロリーは餅と変わらない。赤飯からもパワーがもらえる。小豆を入れて赤く着色してあるところが祝事のご馳走だ。

赤飯のルーツは、古代米である。色が赤黒いご飯が縄文時代には食べられていて、玄米や白米が食されるようになったのは江戸時代からの話である。さまざまな品種改良がなされ、玄米、白米が主流になると、古代米は敬遠された。何故か。決まっている。白い米のほうが古代米よりもうまいからだ。米の品種改良は、うまさの追求だった。

古代米は現在では、自然食レストランなどで食することが出来る。案外、人気なのは、古代米も古代米として品種改良されてうまくなっていることと、白い米より食物繊維やビタミンが豊富なところが現代人の健康志向のニーズとマッチしたのだろう。

江戸時代には敬遠された古代米だが、祭事の時には赤米が供えられることがあった。その伝統を踏まえて、庶民生活のなかで、小豆を用いて赤い色に着色された赤飯が登場した。赤飯は庶民の祝事に食されるようになった。赤い色には厄除けの意味もあり、疫病平癒《へいゆ》の祈願にも赤飯は食された。

江戸時代には、糯米を蒸したものを一般に「お強《こわ》」と言い、赤飯とは区別していたが、現在では赤飯も含めて糯米の料理を総称して「お強」「強飯《こわめし》」などと呼んだりもする。

赤飯の出て来る落語もいくつかあるが、若者の童貞喪失譚を描いた「明烏《あけがらす》」のはじめのところがそうだ。

「明烏」

日向《ひゅうが》屋の息子の時次郎は、毎日部屋で読書三昧。読む本も、孔子や孟子で、人生観も影響を受け、親に孝行、仁愛と礼節を重んじている。だが、あんまり真面目過ぎると、それはそれで親は心配なものだ。酸《す》いも甘いも、人並みの経験がなければ、書物の知識だけでは世間は渡れない。

父親は、町内の札付きの源兵衛と多助に、時次郎を吉原に連れて行ってくれないかと頼む。

源兵衛と多助は、「お稲荷さんのお籠り」と嘘を言い、時次郎を吉原に連れ出す。

「明烏」というタイトルは、新内の「明烏夢泡雪《ゆめのあわゆき》」よりつけたもので、主人公の名前、時次郎と相方の遊女、浦里の名を新内より借りた。

新内は江戸時代後期に起こった音曲芸。関西から来た豊後節がもと。節をつけて物語を語る義太夫などの浄瑠璃の一種で、江戸で起こった浄瑠璃だから、江戸浄瑠璃になる。鶴賀新内という美声の名人がいて、たいそうな人気だったところから鶴賀新内が語る浄瑠璃で「新内」と呼ばれた。同じ豊後節から出た常磐津が歌舞伎の伴奏音楽として発展したのに対し、新内は歌舞伎の舞台に出ることなく、座敷芸や流しとしての道を歩み、寄席などにも出演し人気を呼んだ。「段もの」と呼ばれる義太夫のネタの他、「端《は》もの」と呼ばれる新内のオリジナルがあり、その代表作が「明烏夢泡雪」になる。

落語には「お初徳兵衛」や「お花半七」など、浄瑠璃の登場人物の名前を借りた別話がよくある。落語の「明烏」と新内の「明烏夢泡雪」はいくつかの共通点があり、落語が新内の前段の物語として作られたと言う人もいるが、それは誤りだ。まったくの別話である。

「明烏」は「お稲荷さんのお籠り」というのがキーワードになる。噺の冒頭で、時次郎は町内の稲荷社の初午《はつうま》祭りに行っている。

「お父つぁん、ただいま戻りました」

「お帰り。どこへ行っていたのだ？」

「町内のお稲荷様へお参りをしてまいりました」

「どうでした？」

「初午ですから、たいへん賑やかでした」

「そうかい、お腹もすいたろう。ご膳をおあがり」

「いいえ。あちらでお赤飯を頂戴いたしました。あまりにお煮しめがおいしかったので、お替わりをいたしました」

「おいおい、いい若い者が、お稲荷様に行ってお赤飯を食べちゃ困りますよ。しかも、お替わりまでして。お前は地主の子ですよ」

町内の稲荷祭は店子《たなこ》たちの自主運営の祭りだ。地主はいくらか包んでいくもの。それを遊びに行って赤飯をご馳走になった。いや、店子たちも若旦那が喜んで赤飯を食べてくれたんだ。何も気にしてはいないが、親は地主の体面が気になる。

初午とは二月最初の午の日で、稲荷社で祭りが行われる。今はあまりないが、東京でも王子稲荷など、大きな稲荷社の初午は賑やかである。

江戸っ子は稲荷信仰をしていた人が多かったので、町内に必ず稲荷社はあり、初午は町内でも盛大に祭りが行われた。冬の寒いなかだが、太鼓が町々に響いた。そして、祝事であるからと、町内の人たちに赤飯が振る舞われたのだ。

まさに、これから吉原へ行くという日に、時次郎が赤飯を振る舞われたのは、彼の記念すべき日の前祝いなのかもしれない。

さて、「明烏」にはもう一つ食べ物が出て来る。

一夜明けた翌日だ。

「若旦那、おはよう。どうだい。襖《ふすま》を開けてすぐに寝床が見えない。次の間付きだ」

源兵衛と多助は狭い部屋に入れられ、時次郎は次の間付きの花魁《おいらん》の部屋にいる。吉原のおばさんや若い衆《わかいし》は海千山千の強者《つわもの》だ。誰がその日の勘定を払うのか、そして、この先上客になってくれるのが誰かをよく知っている。だから、時次郎の扱いは源兵衛、多助よりもよくなるのは当然なのだ。

ちなみに吉原で、遊女以外の女性従業員は「おばさん」と呼ばれた。「やり手婆」とも言う。若くてもおばさんで婆だ。対して男性従業員を「若い衆」といった。こちらは年をとっていても若い衆だ。

「お前、何食ってるんだ？」

「いま、ここを開けたら、甘納豆があった」

多助は花魁の部屋の鼠入らずを勝手に開けて、甘納豆を食べる。

鼠入らずとは、食べ物を入れることを目的にした戸のある密封された戸棚。花魁の部屋には、部屋着などを入れている簞笥や、鼠入らずなどがあり、菓子などが入れてあった。お客に出すものというよりも、自分で食べるための菓子だったようだ。

現代でも、女性はバッグのなかにのど飴や「フリスク」を入れていたりする。「フリスク」を別の目的で使うこともあるそうだが、基本は口寂しい時に食べる。吉原の花魁も何かの時に、鼠入らずのお菓子をちょっとつまむことはあるのだろう。今も昔も、女性は甘いものを手放せないようだ。

「朝の甘味は乙ですよ。濃い宇治があったら言うことはない」

暢気なことを言いながら、甘納豆を食べる。この仕草が落語家の見せ場の一つだ。

甘納豆っていうのは、小豆などを茹でて砂糖をまぶしたお菓子。納豆ではない。

勝手知ったるなんとやら。吉原に慣れている多助は勝手に鼠入らずを開けて、花魁の甘納豆を食べはじめる。花魁の部屋にあるお菓子のつまみ食いも、情事のあとの甘味、吉原の遊びの醍醐味だったのかもしれない。


新内「明烏夢泡雪」は金に詰まった浦里と時次郎が、店から私刑を受ける。浦里は雪のなか、庭の木に縛られる。

なんとも残酷な話である。

時次郎は皆が寝静まった頃、塀を乗り越えて侵入して浦里を助け出す。しかし、それは浦里の夢であったという切ない話だ。

落語では、多助は甘納豆を食べるわ、すっかりお籠りが気に入った時次郎は浦里の布団のなかでいつまでも起きて来なかったり、そうした吉原の楽しい朝の風景を描いている。

落語は罪がない。

四、「王子の狐」串鳥と玉子焼き

江戸時代の人にとって、何が一番のご馳走かと言えば、お米のご飯だろう。まざりっ気のない白いご飯、俗に言う銀シャリだ。今は白いお米が当たり前だが、江戸時代は貴重だった。

農村においては、その米を作る農民が、厳しい徴税（年貢）や地主の搾取で米が食べられず、麦、蕎麦、稗《ひえ》、粟《あわ》などの代用食を食べていた。いや、地主は搾取でなく、飢饉の時のために保管していたはずだった。内部留保だなんてことを言うが、実際に飢饉の時には農民に蔵の米を開放した地主なんてほとんどいなかった。

普段は代用食でも、年に一度の祭りでは農民たちも白い米のご飯を食べた。農村では赤飯よりも白いご飯がご馳走だった。

農民が代用食しか食べられないのに対し、江戸っ子は米の飯を食べることがステータスだった。毎日食べているが、やはりご馳走だ。白いご飯を食べることが、江戸っ子の誇りでもあったようだ。

「お天道様と米の飯はついてくる」などと言った。お天道様、太陽はどこに行っても照らしてくれる。江戸っ子には職人が多く、建築需要のある江戸では、大工などの職人や、職人でなくても人並みの力があれば土木工事などの仕事があり、米の飯を食べるくらいの稼ぎはあった。

だが、世の中ままならないこともあり、何かの加減で仕事がうまくいかなくなれば、米の飯が食べられなくなることもあった。こんな小噺がある。


「おっかぁ、今、辰公の家の前を通ったら、かみさんと二人で芋食ってやがった。雨が続いて仕事に出られねえ、銭がなくて米が買えないんだとよ。出世前の若い者が、芋が晩飯だなんて可哀想じゃないか。うちの飯を届けてやりなよ」

「届けてきたよ。涙流して喜んでた」

「そうかい、よかったじゃねえか。よし、うちも飯にしようじゃねえか」

「何言ってるんだよ。今、辰つぁんのところにあげちゃったよ」

「なんだよ、俺たちの食うぶんまで全部やっちまったのかい。じゃ、炊いてくれよ」

「お米がないよ」

「買って来いよ」

「おあしがないよ」

「しょがねえな。じゃ、芋食うか」

「出世前の若い者が芋を食う」ことが可哀想だったのである。

この小噺は江戸っ子の他人の難儀には後先考えずに手をさしのべ、自分の不幸には諦めがいい姿を描いている。江戸っ子を語る上で、わかりやすい話だ。

江戸っ子がお稲荷さんを信仰したのは、稲荷社に祀られている宇迦之御魂神《うかのみたまかみ》（倉稲魂命）が穀物の神であるからだ。日頃から、白米のご飯が食べられることに感謝をしていた。だから初午《はつうま》祭りは盛大だった。稲荷社の本山は伏見稲荷で、山全体に神が祀られている。関東では笠間、江戸では王子が有名で、他にも各町内に大小さまざまな稲荷社があり、祭りが行われていたことは前項で記した。

王子は江戸の頃は郊外で、王子稲荷のほかにも王子神社があり、飛鳥山や名主の滝などの景勝地もあった。

飛鳥山は、花見でも賑わい、落語「花見の仇討ち」の舞台でもある。現在は、ＪＲの王子駅の脇から、無料のケーブルカーで登ることが出来る。また、明治通りを都電が走っていて、飛鳥山と山の上から坂を下って来る都電が道路を走るロケーションも楽しい。

講談「祐天吉松」では飛鳥山で瓦投げが出来たことがわかる。東北本線の開通で瓦投げがなくなったというから、明治通りと反対の東側の斜面で行われていたのだろう。

「王子の狐」

「王子の狐」は、初午の王子稲荷に行かなかった男が、翌日に参詣に行く話。初午の賑わいは嘘のようで、閑散とした王子稲荷の参道で、男は狐が女に化けるのを目撃する。

狐は稲荷社の眷属《けんぞく》である。どこの稲荷社にも、狐の像がある。

王子稲荷は社殿の裏に小さな山があり、昔は実際に狐が住んでいた。今も裏の山には狐が住んでいたであろう穴がいくつもあり、小さな祠があり、眷属の狐たちも祀られている。

「化けた！　話には聞いていたけれど、初めて見たよ。うまいもんだね。これから誰を化かそうってんだ？　誰……、あたりに人はいない。俺だよ。俺を化かそうっていうんだ」

化けるところを見ていなければ、化かされるところが、化けるところを見てしまった。逃げてもいいが、ここで男に悪戯《いたずら》心が起こる。何せ相手が狐だとわかっているのだから、自分のほうが優位だ。

男は女に化けた狐に声を掛けて、近くの料理屋、扇屋に誘い、女を酔わせて、自分は土産を持って逃げてしまう。

土産というのが、扇屋の名物、串鳥と玉子焼きだ。

料理屋は江戸詰の武士たちが情報交換などを行うための場として、吉原を中心にはじまった。現代の企業などの、料亭やクラブでの接待のようなものである。接待に金を掛けるのは今も昔も同じで、それなりの料金をとる。そして、それなりの料金に合った料理を出す。京、大坂の料理屋とはまた違う、江戸風の味付けの料理屋が人気を呼んだ。

武士の社交場として発展した会席料理屋だが、武士の真似をしたがるのが江戸の町人。うまいものを食いたい富裕町人たちが増え、江戸のあちこちに料理屋が出来た。そして、江戸郊外の景勝地である王子にも、そんな料理屋があったのだ。

扇屋は江戸時代からある料理屋。歌川広重の浮世絵にも出て来る。

三十年くらい前まではあった。今は料理屋の扇屋はなく、玉子焼き専門店として王子駅近くにあるという。

串鳥は焼き鳥のこと。

玉子焼きはご馳走だ。卵は、昔は高価だった。八百屋に売っていたが、今日のメロンの置いてある場所に、籾殻に包まれた木の箱に入って売っていた。

その高価な卵に、砂糖と醬油をたっぷり使って焼いた料理が玉子焼き。店によっては海老や魚のすり身なんかも入れたから、まさに高級料理の代表である。

玉子焼きが名物で、風光明媚な観光地にあり、浮世絵にも描かれている扇屋はまぎれもない高級店である。

男は串鳥と玉子焼きを土産に友達の家へ行く。

「これ扇屋の」

「串鳥に玉子焼きじゃねえか。扇屋だ。豪気なものだな。おい、扇屋の串鳥と玉子焼き、いただいたよ」

友達が家族にも嬉しそうに告げる。高級な店だということがわかる。これが狐を騙して得たものと知れると友達は呆れて、すぐに詫びに行けと言う。

扇屋と王子稲荷を舞台にした、騙す男と騙される狐、そんなファンタジーが展開する。そこに登場する扇屋の名物、串鳥と玉子焼き、玉子焼きは今も食べられる。ちょっと食べてみたい江戸の本格的なご馳走だ。

五、「初天神」団子

「初○○」というのが、江戸っ子は好きだ。

「初午」もそうだが、新年には、いろいろな神社の縁日が「初○○」で賑わう。

「初水天宮」「初薬師」「初金比羅」「初観音」「初大師」「初地蔵」「初天神」「初不動」……。

そうした縁日にはいろんな露店が並び、食べ物もいろいろと出る。

縁日の露店も時代によって、さまざまな変化がある。露店で売られる食べ物の基本は、おそらく元値は安価、売値はやや高いが硬貨で買える範囲。シンプルな味で、立って歩きながらでも食べられるものだろう。プラスチックの容器が出来て、やきそばなんかが売られるようになったのは近年で、昭和四十年代くらいまでは串に刺した食べ物が主流だった。

落語で縁日を描いたネタに「初天神」がある。

もともと上方の噺で、舞台は北野天満宮であろう。天満宮に祀られている天神様は、菅原道真（八四五～九〇三）。平安時代の学者で、宇多天皇の信任を得て要職に就き、ついには右大臣に出世をするが、藤原氏と権力争いとなり、藤原時平のために太宰府に左遷され失意のうちに亡くなった。その後、時平が若くして病死し、また天変地異などが起こったため、これは道真の恨みであるから魂を鎮めるために、道真は天神様として祀られた。道真が優れた学者であったことから、学問の神様とされ、今日では受験の神様として信仰を集めている。

初天神の縁日には、植木や古着などの露店も多く出た。現代では一月は受験に近いため、ことさら賑わいを見せるらしい。噺を東京に移したのは、三代目三遊亭円馬といわれている。東京にも、湯島天神、亀戸天神など、天神様を祀っている神社は多くある。

「初天神」

天神様の祭礼に行く父親と息子の金坊。境内には露店が並んでいて、子供には魅力的な菓子や玩具が売っている。出掛ける前に、「あれ買って、これ買ってと言わない約束」で連れて来てもらったのだが、金坊はそんな約束は忘れてしまったのか。いや、最初からそんな約束など守る気はない。

「なんか買って」

「それを言っちゃいけねえって言ったろう。駄目だ」

「そんなこと言わないで、ねえ、買っておくれよ」

「駄目だよ」

「ねえ、リンゴ買っておくれよ」

「リンゴは毒だ」

「えっ! リンゴが毒なんて、はじめて聞いたよ。じゃ、ミカン買っておくれよ」

「ミカンも毒だ」

「じゃ、バナナ買っておくれよ」

「バナナ、八十銭。毒だ毒だ！」

「お父つぁん、バナナが毒なんじゃなくて、八十銭が毒なんだろう」

バナナ高いね。明治になって、日本が台湾を植民地にしてから、国内でバナナが売られるようになった。それでも珍しいから値段も高かった。

飴なら安いから。子供も親に少しは気を遣う。いや、買ってくれそうなところを狙ってくる。

「お父つぁん、飴買っておくれよ」

「飴屋が出てたら買ってやる」

「そこに出てます」

「野郎、見てから言いやがったな」

子供のほうが知恵が働く。飴一個買ってやったが最後、次は団子、そして凧とねだる。

さて、子供がねだり、父親が買う羽目になる団子だ。

穀物を粉にして水で溶いてまるめ、蒸したり焼いたりした食べ物。もともとは代用食を効率よく食するためのものだったのだろう。稗や粟なんかを団子にして食した。たとえば、蕎麦やうどんも麺にして食べたのは江戸時代からで、その前は団子にして食べていた。

団子を串に刺して食べはじめたのは、室町時代からだと言われている。醬油をつけて焼いたり、黄粉などをつけた団子も食されるようになり、お菓子としての意味が大きくなる。

みたらし団子というのも、その頃に登場したらしい。京の下鴨神社の御手洗《みたらし》祭で売られたことが語源で、もともとは醬油をつけた焼き団子を呼んだ。

現在、団子屋で売っている、醬油と砂糖に葛粉でとろみをつけたみたらし団子は戦後のものらしい。現在の団子屋では、醬油団子と、甘辛とろみのタレのついたみたらし団子は別のものとして売られている。

江戸時代になり、街道が整備されて旅人が増えると、街道の茶店などで団子が売られることが多くなる。田舎で、稗、粟、蕎麦などの団子が手軽に作られ、旅人が食した。また、街でも寺社の茶店などで売られたものは、醬油や餡子《あんこ》、黄粉などで味付けされ、名物になっていった。

「坊や、餡子か蜜かどっちにします？」

この露店では、餡子の団子と蜜の団子を売っている。

「子供が食うんだ。蜜は着物を汚すだろう。餡子に決まっているだろう」

「蜜がいい」

「駄目だ、餡子だ」

「蜜、蜜、蜜……、蜜がいい！」

この蜜は、醬油と砂糖のみたらしの蜜ではない。もちろん蜂蜜でもない。水と砂糖で作った粘液状の蜜だ。

団子屋から蜜のしたたる団子をもらった父親は、蜜がこぼれては困ると、団子の蜜を舐め取る。ここのところが、この落語の見せ場になる。

糖蜜がたっぷり塗られた団子は関東のものではない。上方ではそういう蜜団子が売られている。そう言えば、トコロテンも上方は蜜で食べる。現在では東西どちらも、醬油と砂糖のみたらし団子が主流になっている。

落語「初天神」が関東に伝わったのが三代目円馬の時代（大正の頃）なら、その時代は落語と一緒に糖蜜の団子も関東で食されていたのかもしれない。

江戸にも名物団子はいくつかある。

現在まで続いているものに、根岸の羽二重団子や、新宿、甲州街道の追分団子などがある。羽二重団子は、根岸の音無川の風光明媚な景勝地の茶店で出された。生《き》醬油の焼き団子に漉《こ》し餡。追分団子は新宿の追分。新宿末広亭のすぐそばなので、寄席に買って行ってもいい。

名店も多くあるが、やはり団子は、今も昔も庶民のおやつとして親しまれている。町のお菓子屋や縁日の露店で食す団子の素朴な味が楽しいものである。

第二章　春

——旬を食せば……

一、「長屋の花見」 花見の重箱

日本の年中行事で欠かせないもののひとつに花見がある。

元旦は一月一日、七夕は七月七日、クリスマスは十二月二十五日と決まっているが、花見は桜が咲いて八分咲きから満開にならないと出来ない。いつと決められずに予定が立たないのが厳しい。だいたいが三月末から四月の頭くらいだけれど、八分咲きから満開が一週間ももたない。咲いてから計画立てたんじゃ遅いし、現代だと、土日に行こうか、なんて言っていると、ちょっと早かったり遅かったりして、咲いてない、散った後、なんていうことはままある。

散り掛けならば、散る桜を愛《め》でたり、ちょっと緑の葉が出て来たりするのも彩りとしてよかったりもするが、散った後だとかなり寂しい。

まだ咲いていないと、これはかなり辛い。桜も咲いていないし、まだかなり寒かったりする。

それでも忙しい現代人は、決めた日でないと行かれない。もっとも気分で、「咲いたねえ」「咲いた」「行こうか」「行こう」っていう、昔の人のノリが羨ましかったりする。

花見は花を見るだけではない。当たり前だ。酒と肴があっての花見だ。徳川三代将軍家光の時代に上野の山に桜が植えられたが、上野は寛永寺の寺領だったため、江戸時代は飲食が禁じられていた。だから上野は花を見て歩くだけの花見だった。

八代将軍吉宗の時代に王子の飛鳥山などにも桜が植えられ、名所となり、酒食も一般的に行われるようになった。王子は江戸郊外で風光明媚、飛鳥山の他にも王子稲荷、名主の滝などの名所もあり、飛鳥山に花見に行くのは、ちょっとした日帰り観光旅行の気分だった。あとは、大川（隅田川）を渡った向島の土手なんかで花見を楽しんだ。

落語「花見酒」は向島の花見客を目当てに、酒を売って儲けようという男二人の噺だが、こいつら売ろうと仕入れた酒を全部飲んじまう。酒飲みに酒売りは向かない職業だ。

「長屋の花見」

花見の料理として思い浮かぶのは「長屋の花見」だ。

貧乏長屋で大家が住人たちを花見に連れて行ってくれるが、酒肴を買う銭など、もちろんない。貧乏で、家賃を払っている者もほとんどいないから、大家も貧乏なのだ。それでも長屋の景気回復のためだと、大家がいくらかの銭を工面するが、酒肴なんかは買えない。三升の酒は番茶を代用、料理は沢庵を玉子焼き、大根の漬物を蒲鉾に見立てたもの。大根の漬物は蒲鉾らしく見えるよう丁寧に月形に切ってある。

「長屋の花見」は落語でもかなり定番ネタ、番茶の酒、沢庵の玉子焼き、大根の蒲鉾は結構皆さん知っているが、このラインナップを聞くと笑いが起こる。よく出来た見立てと、玉子焼きだと思って食べたら沢庵だった時の、驚きと情けなさ、甘いと思ったらしょっぱかった、そのおかしさみたいなものは伝わってくるのだろう。

玉子焼きや蒲鉾の値段は今日ではピンキリ。現代の感覚では卵は安価だし、安い蒲鉾も売っていたりするから、もしかしたら沢庵のほうが高価なこともあるかもしれない。

だが、これは江戸時代、あるいは江戸の価値観を残した昭和三十年代以前の話だ。

江戸時代は、玉子焼きも蒲鉾も高級品だった。日常で卵を食べるなどということはなく、おもに病気のお見舞いに買われた。スタミナのつく食べ物であり、病気のお見舞いには最適の品物だった。その高価な卵に、これも江戸時代は貴重品の砂糖をふんだんに入れ、海老や白身魚のすり身まで入れた玉子焼きがどれほどの高級料理かは想像がつく。

いやいや、現在だって同じだ。卵の値段は安いが、売られている玉子焼きは料理屋や有名鮮魚店のブランドも多く、やはり高価だ。手作りの玉子焼きだって、子供のお弁当のおかずには喜ばれる。

蒲鉾は贈答品として用いられた。上方落語「船弁慶」では、ご馳走になろうと思っている男が返礼に蒲鉾を下げて行く、というフレーズが出て来る。今日では正月の料理などに赤白の蒲鉾は欠かせない。

酒も江戸時代は高価だった。大家が三升の酒を振る舞うと聞き、長屋の者たちは狂喜する。三升の酒は仮に二十人で飲んだら、一人一合半だが、そんなわずかでも酒が飲めることが嬉しい。

「行きますよ、行きますよ、一升瓶三本ならどこにでも参ります」

「おう皆、大家さんに礼を言おうじゃないか、大家さん、ありがとうございます」

ところが、

「そう皆でぺこぺこ頭を下げるなよ。そう礼を言われると始末に悪い。むこうに行ってから、こんなことなら来るんじゃなかったと愚痴が出てもいけないから、今のうちに言っておくが、これな、酒ったってホントの酒じゃねえんだ」

「ホントの酒じゃない？」

「番茶を煮出して水で割ったら、どうだ、いい色をしているだろう」

「おい様子が変わってきたぞ。喜ぶのは早いよ。なんですか、大家さん、こりゃお酒じゃなくて、お茶気《ちゃけ》ですか。酒盛りじゃなくて、おチャカ盛りだよ。どうも変だと思ったよ」

酒が高価でなければ、彼らの落胆は伝わらないかもしれない。この場面は江戸時代の人の気持ちになって楽しみたい。

「こっちがせめてホンモノなら？　そうだよな。大家さん、重箱の玉子焼きと蒲鉾はホンモノですか？」

「冗談言っちゃいけねえよ。そっちをホンモノにするなら、少しは酒を買うよ」

「そらそうだ。するってえと、この重箱のなかはなんです？」

かくて沢庵と大根の漬物の種明かしとなる。

番茶の酒と偽ものの肴とわかって、なんだって長屋の連中は花見に行くのか。

「乗りかかった船だ」

「むこうに行けば、がま口の一つも落ちているかもしれない」

「山の上からゆで卵が転がって来たら、拾って、皮むいて食べちゃう」

いきかがり上しょうがない、浮世の義理だ。

行けば、なんかいいことがあるかもしれない。

あと、桜が咲いて陽気がいいのに、家にいてもつまらない、というのもあるだろう。酒肴がなくても息抜きにはなる。

かくて番茶に、沢庵、大根の宴がはじまる。

「一献《いっこん》献じよう」「献じられたくねえ」

「私は下戸です」「うまく逃げやがったなぁ。じゃ、肴をやりなよ」「じゃ、白いほうを」

「色で言うな、蒲鉾と言え」「そのボコを」

「玉子焼きをいただきましょう。あっ、しっぽじゃないほう」

「私は歯が悪いんで、玉子焼きは食べられない」

「私は蒲鉾が大好きで、毎朝千六本に刻んでお味噌汁の実にしてる。胃の調子の悪い時は蒲鉾おろし」

「うまい蒲鉾ですね。やはり練馬の産ですか」

　こんなやりとりが続く。

　実際の花見の料理には、芋、蓮などの野菜の煮物が多かった。甘辛く煮たものは酒の肴に都合がよかった。また、家族で花見をする者も多く、酒を飲めない者のために、にぎり飯や、きんとんなどの甘い料理も用意された。

　現代では、コンビニやスーパー、弁当屋などがどこにでもあるため、わざわざ料理を作ってゆく人は少ないのかもしれない。だが、折角の年に一度の花見だ。ただ酒を飲むだけでなく、江戸の気分に浸って重箱に入った料理を味わいながら、花を愛でるのも一興であろう。

二、「おせつ徳三郎」長命寺の桜餅

江戸の名物というと、「武士、鰹、大名小路、広小路、茶店、紫、火消し、錦絵、火事に喧嘩に中《ちゅう》っ腹、伊勢屋、稲荷に犬の糞」

江戸は大名の街だったから、まず、大名だ。行列の数も多かったが、街道みたいにいちいち土下座しなくていい。大名の用事をするために職人や商人がいるのだから、大名の都合で手を止めさせるわけにはゆかない。江戸の街では、大名と町人がうまく共存していた。

火事が多かったから、火除け地の広小路があり、そこが盛り場になっていた。火消しや、その火事すら名物の一つで、喧嘩も中っ腹もあまりいい名物ではない。中っ腹とは、喧嘩まではいかないが腹を立てることで、江戸っ子は気に入らないことがあると中っ腹になったが、すぐに忘れちまう。根には持たない性格だったそうな。ある意味、感情のおもむくままに生きていたのか。

伊勢屋という屋号も多かった。

ありがたくない名物が犬の糞。糞が多いわけじゃない。野良犬がたくさんいたのだ。ゴミ溜めもあったし、余りものをくれる人もいた。餌には不自由しない。白い犬は「シロ」、黒い犬は「クロ」なんて名前をつけられて可愛いがられた。夜、怪しい奴が歩いていると犬が吠えて、犯罪率も低下した。犬と人間も共存していた。

関西にも名物はあって、王城の地、京だと、「水、壬生菜《みぶな》、女、染め物、張り扇、お寺、豆腐に、人形、焼き物」。あー、京人形に、清水焼ね。もっと古い街、奈良だと「大仏に、鹿の巻筆、奈良晒、春日灯籠、町の早起き」。「町の早起き」が題材になっている落語に「鹿政談」があるけれど、これはのちほど。

いろんな名物があるけれど、名物と言えば、やはり食べ物だ。「名物にうまいものなし」とは言うけれど、旅に行けば食べてみたいのが名物だ。

江戸の街にも、食べ物の名物はいくつもあった。今日の名物は、明治以降のものから、最近のものまでいろいろあるけれど、江戸から続いている名物もないわけではない。

鰻、寿司、天ぷら、蕎麦がご馳走の名物で、江戸から続いている店は流石に少ないが、その流れを受けている店はあるのだろう。あとは、佃煮、味噌、鰹節、梅干なんかも江戸の名物だ。

江戸にも景勝地があり、そんなところの料理屋や茶店には江戸から続いている名物もあったりする。前章で登場した、王子の扇屋の玉子焼き、新宿追分の追分団子なんかもそうかもしれない。

浅草から大川を渡った向島には、三囲《みめぐり》神社がある。歌舞伎で、たとえば向島が舞台だと、背景には川をはさんだ待乳山聖天、浅草側なら三囲神社が描かれる。

向島の名物に、長命寺の桜餅がある。

「長命寺桜もち」のホームページによると、創業者山本新六が享保二年（一七一七）に土手の桜の葉を塩漬けにして長命寺の門前で「桜もち」として売り出したのだという。三百年の歴史ある名物だ。

拾った葉っぱでも塩漬けになって、香りとほのかな塩味が餅のうま味と餡子の甘さを引き立てる。

「おせつ徳三郎」

「おせつ徳三郎」は商家のお嬢様のおせつと、年長の丁稚（または手代）の徳三郎の許されない恋を描いた長い噺。

前半を「花見小僧」といい、おせつが向島に花見に行くおり、徳三郎と婆やと、もう一人丁稚の長松を連れて行った。婆やがおせつと徳三郎の逢引を手引きする。だが、その様子をすべて知る長松は、旦那、つまりおせつの父親に詰問《きつもん》されてすべてを話してしまう。

おせつ、徳三郎、婆や、長松の四人は、向島の三囲神社の近くで舟を降り、参詣をして、土手の茶屋へ入る。茶屋の者からは、徳三郎は「若旦那」と呼ばれ、おせつと徳三郎は始終いちゃいちゃしている。そのうちにおせつが長松に、お店や奥のお土産にするから、長命寺へ行って桜餅を買って来るように言う。

「長命寺っていうのは赤い門のお寺です。旦那、知ってますか」

「知らない者はいない。長命寺は元祖の桜餅。長命寺の門番が浅黄桜の葉を拾って塩漬けにして、それに餅をくるんで売ったのがはじまりだ」

「その浅黄桜ってえのはどこにあるんですか」

「門を入って右にある。その下に十返舎一九の句碑がある。

ないそんか腎虚《じんきょ》を我は願うなり、そは百年も生き延びし上

奥に蕉翁《おきな》の句碑がある。

いざさらば雪見に転ぶところまで

名物だからな、桜餅もあそこに行って食べないと、何か物足りない心持ちがするものだな」

「それから」

「茶はなかなかよいものを出した」

旦那も長命寺の桜餅は贔屓《ひいき》のようだ。何度も行って食べていることがわかる。句碑などを眺めながら、昔の文化人に思いを馳せるのも、寺参りの楽しみかもしれない。

そこにうまい茶と桜餅が出る。

長松が桜餅を買って戻ると、おせつと徳三郎はいなくて、婆やが一人酒を飲んでいる。

「お嬢様のお世話は徳どんだけでいいんだよ。お前なんぞは、そばに行ってはいけない」

婆やがこう言ったのも、長松は全部、旦那に喋っちまう。

このあと徳三郎は暇を出されて叔父の家に厄介になる。おせつは親の決めた相手と婚礼となる。その噂を聞いた徳三郎はおせつを殺して自分も死のうと刀屋へ行くのが後半になる。今ならストーカー事件になるのか。

噺と桜餅は何も関係ないが、桜餅が出て来ることで、噺に味が出る。漬けた葉の味が染みているのだ。

そのあとどうなるんだ？　おせつも徳三郎が忘れられず婚礼から逃げ出す。おせつが逃げたことを刀屋で聞いた徳三郎はおせつを探して街へ。二人は出会うが、もうこうなったらこの世では添えない。あの世で夫婦にと心中することにする。深川まで来て、橋の上から身を投げるが。落語らしい落ちが待っている。

ところで、桜餅の葉っぱは食べるもんだろうか。

食べても食べなくてもいいらしいが、私は食べるかなぁ。でもあんまり塩味が強過ぎるのも、というのもある。葉の塩の味が染みたくらいが餡の甘さを引き立たせるようにも思うが、まぁ、葉だけ食べてもおいしいから。おいしいお茶があれば食べちゃうな。

三、「しわい屋」梅干

江戸の人たちの主食は米のご飯、江戸っ子は白い米の飯を食べるのがステータスだった。昭和三十年代くらいまでは、お米のご飯は貴重で、一般家庭でも米と麦を混ぜたりしていた。だから純粋に米だけの飯を「銀シャリ」などと呼んで、ありがたがった。戦中・戦後の食料難の時代から二十年くらいはそんな感じだった。

だが、江戸時代の都市生活者、とりわけ江戸っ子は「米の飯」を食べていた。そんなに金持ちでなくても、ごく庶民が「米の飯」にだけはこだわっていた。

だから、どんな貧乏な家でも、へっつい（竈《かまど》）だけはなくてはならないものだった。たいていの長屋は土間兼台所に竈は備え付けだった。

必ずご飯を食べていた江戸っ子は、おかずはどんなものを食したのであろうか。

「一汁一菜」などという。味噌汁とおかず一品ということだ。

へっついは飯を炊く釜をどければ、そこに鍋を置くことが出来た。それで味噌汁は温められる。

落語「たらちね」では長屋に八百屋が葱を売りに来る。スーパーのない時代、庶民はあまり買い物に出ることはなかった。反対に八百屋、魚屋、豆腐屋などは長屋に売りに来た。棒手《ぼて》ふり商人というヤツだ。

八百屋はたくさんの野菜を売りには来ない。その季節の旬の一品だけ売りに来る。売っているものが「旬」だから、それを買ってから、おかずを考えればよかった。一汁はそれでよい。

一菜はどうか。魚を焼いて食べるなんていうことは出来ない。家庭に「焼く」という調理を可能にする道具がないからだ。庶民が気楽に焼き魚を食べられるようになるのは、江戸時代後期、七輪の登場を待たねばならない。

へっついを用いて、魚や野菜を煮ることは出来た。煮物、煮魚は食されていただろうが、手間も時間もかなり掛かる。家に専業主婦でもいれば別だが、単身世帯ではそんな手間はなかなか掛けることは出来ない。

では何を食べていたか。長屋の生活者の一菜は、沢庵、梅干、佃煮、漬物、海苔、そんなものだった。

「しわい屋」

梅干が出て来る落語に、「しわい屋」がある。

「しわい」とは、「吝い」と書く。金銭を出すべき時に出さない。吝嗇《りんしょく》のこと。早い話が「ケチ」のことだ。

「しわい屋」と言ったってケチを稼業としているわけじゃない。実際には「しわい屋」なんていう屋号ではなく「越後屋」とか「上州屋」とか別の屋号があるんだろうけれど、あまりにもケチだから、誰言うとなく「しわい屋」なんて呼ばれているだけだ。ケチをアイデンティティとして商売をしているという意味だ。

世の中にはケチな人というのがいる。爪に火を灯すようにして銭を貯める。いい意味で倹約家、節約家となるが、銭を貯めるのに夢中でまわりが見えなくなり、人付き合いが出来なくなる。つまり金銭を出すべき時に出さない。

昔は皆が貧乏だった。だから困った時は相互扶助、みたいな暗黙のルールが江戸のコミュニティにはあった。保険のない時代、誰かが病気や怪我をして働けなくなったら、皆で少額ずつ出して、とりあえず家族の生活の面倒は見た。そういう「助け合い」が大事だった。それを守らない人たちのことを「ケチ」「しみったれ」と江戸っ子たちは非難した。

その付き合いが出来ない人を、江戸っ子は嫌った。

だから、ケチをバカにしたのだ。

「しわい屋」と呼ばれているケチな男を軸に、ケチのエピソードを集めた落語「しわい屋」には、ケチの食生活が出て来る。

あるケチな人、一日に梅干一個がおかずだと言う。

「えー、朝半分食べて、昼は残りの半分をいただきます。夜は種をしゃぶって、最後は種のなかの天神様まで食べる」

これを聞いた別のケチな人は、

「それは、あなた、贅沢だ」

「何が贅沢です？　一日梅干一個ですよ」

「一日一個は贅沢です。私ならね、梅干が一個あったら、一生おかずには困りませんよ」

「どういうことです」

「私はその梅干をじっと睨む」

「睨む？」

「ええ。そうしますとね、口にすっぱい唾液が溜まって参ります。そうしたら、そのすっぱい唾液をおかずにご飯を食べる」

「梅干は食べずに睨んでいるだけですか」

こうなると、滑稽というよりは哀れさをも誘う。

梅干自体が安価で、それを一日一個というのも寂しいが、落語のデフォルメで、一生で一個というのがいい。

しかし、これだけおかずを節約しても、ご飯だけはちゃんと食べている。白米のご飯である。

麦や稗など代用食のほうが安価だが、そこはケチと言えど、江戸っ子。米のご飯を食べるというアイデンティティは忘れずにいるのだ。ついでに相互扶助の気持ちも忘れず、わずかでも長屋の付き合いに銭を出せば、誰からも「ケチ」だなんて言われないのだ。

江戸っ子はケチをバカにして笑った。何より金が大事で、人間性を失っている奴はおかしい。狂った価値観のおかしさがまず一つある。

落語が出来た江戸時代後期は、二百年もの間平和な時代が続き、都市は景気がよかった。江戸の街は広がり、大工など職人に仕事があり、調度品などにも需要があり、工芸品を作る職人も生まれた。皆が金まわりがよかった。金があれば使いたくなるのが人情、そこを使わないで貯めるというのは、人情に反する。

金持ちならなおさらだ。好景気でインフレになれば、金の価値が下がるから、金なんか貯めるのがバカということになる。商人でも利口な者は儲けた金は貯めずに、次の事業に投資したりした。平和で景気がよければ、ケチなんていうのは笑われる存在だったのだ。

落語家にケチで有名な人がいた。九代目桂文治（一八九二〜一九七八）、本名の高安留吉から「留さん」と言われていた。

電車の乗り方を工夫して十円の運賃を浮かしたり、スーパーの特売に合わせて寄席の出番を代わってもらったり。わずかなお金にこだわり、ケチというか倹約生活を実践していた。だけど、留さんは、祝儀・不祝儀には必ず相応の金を包んだし、食えない若手には飯を食わせた。店でご馳走はしない。自分の家の飯とおかずで、とにかく飯を食わせてくれたそうだ。もらう金には限りがあるから、節約するところは節約して、使うところで使う。使うところが祝儀・不祝儀や後輩に食べさせる飯だというのが芸人らしい。

留さんはケチではなく倹約家だった。だから、面白がられたが、誰も決してバカにしていたわけではない。

さて、ケチな人たちがよくおかずにした梅干について少し述べよう。
梅干は、平安時代は薬用に、戦国時代は兵士の携帯食料として用いられていた。とくに忍者の秘薬のベースは梅干だった。米、蕎麦の粉、鰹節に梅肉を混ぜて粉にして、それを丸薬にしたものを日に二、三粒食べれば飢えることはなかったという。梅干パワー恐ろし。他にも、梅干の解毒殺菌効果を忍者は熟知していたのだろう。忍者とケチは心通じるものがあったのだろうか。

梅干が一般に食されるようになったのは江戸時代の中期。しその葉を用いて赤く色付けがされたのもこの頃である。

白いご飯に梅干を一つ入れた日の丸弁当が登場したのは日露戦争の頃。梅干に含まれるクエン酸に防腐作用がある。おかずになって食中毒の防止になる、一石二鳥の弁当である。その他、疲労回復や解毒などの効果のある梅干ゆえに、節約家に注目をされたというのもよくわかる。

四、「筍」「二十四孝」筍

何がご馳走かって、旬のものを食べるのが一番のご馳走だ。

日本には四季がある。四季それぞれに旬の食べ物があった。野菜や果物の植物なら、「春は芽、夏は葉、秋は実で、冬は根」が旬の食べ物とされた。

春が旬の食べ物の代表と言えば、筍《たけのこ》だろう。

なにせ、竹かんむりに「旬」と書くんだ。

茹でて食べるのが基本。茹でた筍で、筍ご飯や若竹煮など、さまざまな料理に展開出来る。

筍っていうのは何かと言うと、竹の芽だ。地中の茎から伸びて来るから、どこに出て来るかわからない、筍掘りの楽しさは、竹藪を歩いて、ちょこっと頭を出している筍を見つけることにある。

また、どこに出るかわからない、というのがトラブルのもとになったりもする。

「筍」

故・柳家喜多八がよく寄席で演じていた。

登場人物は、微禄の旗本であろう武士。一応屋敷に下僕と住んでいる。

屋敷の庭に、隣家の竹藪から、筍が地中を通って顔を出した。自分の家の庭から顔を出したのだから、掘って食べちゃっても問題はないのか。一応、断わりを入れるのが仁義だろうと、下僕に口上を教えて使いに出す。

「ご当家様の筍殿が、手前主人屋敷の庭先に、塀越しに、泥爪を差し出しまして、土足で踏み込んで参りました。せんなきものとは言え、これが乱世の世なれば間者同然の振る舞い、よって手前どもでひっ捕らえて詮議をしましたが、あまりにも不埒ゆえ、手討ちといたします。この段、お断わりに参りました」

うまいことを言うものだ。しかし、隣家の主人のほうが一枚上手だった。

「お手討ちの儀、ごもっとも。委細承知 仕《つかまつ》った。しかしながら、あの筍は当屋敷において長らく愛《いと》しみ育てました者ゆえ、何卒《なにとぞ》、武士の情けを持ちまして亡骸《なきがら》だけはお下げ渡しくだされ。鰹節殿を供におつけくだされば、これに勝る喜びはございません」

亡骸を下げ渡せだって。しかも鰹節をつけて。しかし、筍を食いたい武士も負けてはいなかった。

「もはやすでに手遅れにございます。正九つ手前どもで手討ちにいたしまして、亡骸は腹中に納まりましてございます。また骨は、明朝、高野の雪院方に納まることになっており

ます」と言って、筍の皮だけ笊《ざる》に入れて、

「これはお召し物、お形見にございます」

筍は食べちゃって腹のなか、明日、便所に納まるって言われてもねえ。そして、形見はお召し物、筍の皮だ。

筍は厚い皮でくるまれている。そのあたりを踏まえた、頓才な洒落である。

もともとは狂言に似た話がある。

「二十四孝」

乱暴者で、年老いた親にまで手を上げる八五郎。今でいうDVだ。

大家さんが説教をする。こういう奴はただ怒っても駄目だ。昔の中国の故事「二十四孝」から、物語を聞かせて、親孝行の大切さを説く。

昔の人は落語や講談からいろんな教養を学んだ。寄席や講釈場に通っている人はそうした教養にも長《た》けていたのだ。

さて、「二十四孝」のなかに筍が出て来る噺がある。

孟宗という男の母親が病気になり、冬に「筍が食べたい」と言った。孟宗は竹林に行くが、筍なんかあるはずはない。親孝行が出来ないことを嘆き涙すると、突然、雪が解けて筍が顔を出した。孟宗は筍を掘り、母親に食べさせると病も治った。

これが親孝行の徳。

他にも、「鯉が食べたい」と言う王祥の母の話を聞いた八五郎、

「唐土の婆は食い意地が張っている」

と笑う。

近代においては、「二十四孝」の故事は否定された。難題を言い出す親にも問題があるし、超自然的な方法で難題を解決するというのが近代の価値観に反するということらしい。いや、近代は「親孝行」という個人的なことよりも「忠」や「勤」「礼」といった公的なもののほうが重視された時代であった、というのもあるだろう。


さて、筍。落語ではいろんな例えにも用いられる。

たとえば、「筍医者」。藪医者よりも未熟な医者で、これから藪になる。これは酷いね。

そんな医者は早いうちに茹でて食っちまったほうがいい。

「筍生活」は筍の皮をはぐように、衣類を売って生活すること。

「筍」はあまりいい意味では使われない。旬のご馳走として、一時期だけの楽しみ、他の時期は季節はずれなもの、ということなのだろうか。

五、「あたま山」さくらんぼ

今でこそ、日本を代表する高級果物として人気の「さくらんぼ」であるが、日本における歴史は浅い。

ヨーロッパでは有史以前から食されていて、中国では漢の時代（紀元前二〇二～紀元後二二〇）以前よりあったのが、日本に伝わったのは江戸時代のはじめと言われている、ところが、気候が合わず普及しなかった。だから、江戸時代の人は、さくらんぼなんてほとんど食べてはいない。今のさくらんぼの元は、幕末にアメリカやフランスから伝わったものらしい。

はぁ……、さくらんぼっていうのは、桜の木に生るんじゃないのね。さくらんぼの種を庭に蒔いても桜の木にはならない？　じゃ、この噺はなんなんだろう。

「あたま山」

あるケチな男がさくらんぼをもらった。あんまりうまいので、種まで食べた。

「この種がお腹んなかでもって体内の暖かみでもって、ついに育ってきましてな、種から芽が出て、だんだんだんだんこれが生長しますと、頭を突き抜けて、立派な木の幹になって、枝を広げて、春になりますと、見事な桜の花が咲きはじめました」

落語なんてえのは、ぞろっぺえなもんだ。

さくらんぼの種を飲んでも桜の木は生えない。さくらんぼの木（桜桃とか）が生える。いやいや、頭から木は生えない。

この噺、ここまでは多分、ドイツのお話「ほら吹き男爵の冒険」が元だと思う。ミュンヒハウゼン男爵という人が話し上手で、嘘話を交えて、自分の体験談を語ったのを、誰だかわからないがまとめて出版した。その後、多くの作家が加筆したり、パロディなんかも作られて世界中で読まれているお話である。

そのなかのエピソードの一つで、男爵が鹿狩りに行ったおり、銃の弾丸がなくなったので、仕方なく、さくらんぼの種を撃った。鹿の頭に命中したが、鹿は逃げてしまった。数年後、ふたたび同じ森に鹿狩りに行った男爵は、頭に見事な桜の木を生やした鹿と会う。

だが、落語は「ほら吹き男爵」にヒントを得て、さらなる展開を見せる。

大勢の人があたま山の一本桜を見に詰め掛ける。うるさくてしょうがない。

「こんな木があるからいけねえってんで、えい、って引っこ抜いたら、根が抜けまして、頭のまんなかに大きな凹みが出来た」

この凹みに雨水が溜まり、鮒や鯉が湧いて。頭山の池が出来た。釣人が集まって来る。しかも、夜中に船を出して、頭ヶ池で釣りをする人が現われた。

「兄ィ、一つ、ここいらで入れてみよう」

「そうだな、一つここいらでやるとしよう。よいしょっと」

「おいおい、しっかり舵を頼むよ。船をまわすな。まわすんじゃない。いいかい。よいしょ。たぐってみるよ。手ごたえはある」

「何が釣れた？」

「草鞋《わらじ》が釣れた」

大騒ぎである。

それが毎晩毎晩でうるさくて眠れない。とうとう男は、自分の頭の池に身を投げて死んだ。

わけのわからない、不思議な噺ね。

この落語は、八代目林家正蔵がやっていた。聞いたこともある。花見のどんちゃん騒ぎで下座《げざ》（舞台袖で演奏される音楽）が入る、「京の四季」。夜釣りでは「佃」「潮来《いたこ》出島」で、夜釣りで網打ちの仕草を見せる。

小噺程度の長さのネタだが、下座に合わせた仕草など難しい噺で、昔は演じる人はいなかったが、最近では若手で演じる人もいる。

なんともわかり難い、短い噺だが、ＳＦ的なナンセンスが受けるのか。落語以外のジャンルでよく演じられている。

有名なのは、長唄。昭和三十年頃の作品。作詞は落語評論家としても知られる安藤鶴夫、作曲は山田抄太郎。

安藤鶴夫はアンツルと呼ばれ、ホール落語をはじめたり、落語を格調高い芸術として、世間に広めようとした人物。長唄「あたま山」は東音会で宮田哲男らの演奏を聞いたことがある。数ある落語のなかから、何故、アンツルが「あたま山」を長唄にしたのかはわからない。だが、頭の池に飛び込んで「ぶくぶくぶくぶく南無阿弥陀仏《なむあみだぶつ》」と、なんか人を食ったような陽気な曲だった。

浪曲に脚色したのは筆者が最初だと思う。平成十三年。東家浦太郎が演じ、弟子の孝太郎が継承している。なんで「あたま山」か。落語の浪曲化は多くて、「芝浜の革財布」だとか「子は鎹《かすがい》」、「悋気《りんき》の火の玉」（脚色・大西信行）とかがあるが、一番浪曲になり難いネタは何かと考えていたら「あたま山」が頭に浮かんだ。

最初に主人公は、さんらんぼを箱でもらう。吝嗇ゆえに値段が気になって、果物屋に見

に行くと、たいそうな高額。しかも果物屋の番頭に、

「さくらんぼはうまいから、一度食べたら癖になる、必ずまた食べたくなる。高額の金を払ってでも食べたくなりますよ」

と言われ、驚く。

確かに、食べたくなるよね。それが心理。

でも、吝嗇な主人公には麻薬かなんかと同じに思えた。絶対に金を払ってなんて食べたくない。

吝嗇の主人公はどうしたか？「買ってでも食べたくなる」という言葉に怯えて、なんと、さくらんぼを近所の人に全部あげてしまう。

「隣近所に分けてやりゃ　きっと皆さん大喜び　ちり紙一枚半紙の一枚　お使い下さいお返しを　くれないまでも感謝の気持ち　いついつまでも残るもの　どんなにうまいものとても　食べてしまえばそれっきり　只でもらったサクランボウで　感謝の気持ちが買えるなら　こんなに安いものはない」

浪曲的なテーマとはここのところ。ただの吝嗇じゃない。銭が欲しいなら「売る」という手段もあるが、もらったものを売るなんていうセコな吝嗇ではないのだ。配って、皆に喜ばれる、そこに価値を見出す。価値は金額で評価されるものだけではない、というテー

マを設けた。

ところが、

「あんまり、うまかった、うまかった、と言われると、さて、食べずに配ってしまったことが、悔やまれる」

そらそうだ。で、仏壇を見たら、最初にお供えをした二粒が残っていた。

こういうやり方もありかなぁと、小噺を三十分のネタにふくらませて、当時、「もったいない」が流行語だった時代、吝嗇ゆえに頭に木を生やし、命まで失う男の話であるから、吝嗇をアンチテーゼにした浪曲らしいテーマも用いた。

業界じゃ、私のことを「素人あがり」って馬鹿にする評論家もいるけれど、「素人あがり」にこんな脚本は書けまい。

平成十四年には、アニメ映画「頭山」（監督・山村浩二）が公開され、ナレーションを国本武春が務めた。浪曲の「あたま山」はこっちのほうが有名だ。この映画は見たが、一種のファンタジーだ。自殺する場面も幻想的に描かれていた。海外で賞も取り人気を呼んだ作品。

他にも、日本舞踊、狂言、写し絵などでも演じられている。

また、私の脚色以外の浪曲も演じられている（未見）。私なんか細々やっているから、多分、作者の方も知らずに、他でやってないネタと頭をひねって作られたことだと思う。

「あたま山」はファンタジーか、ただ馬鹿馬鹿しいのか、吝嗇をアンチテーゼとするテーマがあるのか、よくはわからない。

だが、とにかく、さくらんぼはうまい。あとを引く。なくなると、種までしゃぶりたくなる。その時にうっかり飲み込まないよう、注意はしたい。

第三章

初夏

——初物を食べる

一、「髪結新三」鰹

「女房を質に入れても初鰹《はつがつお》」

江戸っ子は言ったそうだ。

女房なんて質にとってくれるんだろうか。多分、くれないと思うけれど。だが、「初鰹を食うから」と、女房で金を貸してくれる質屋がいたら、それはそれで洒落として面白いのかもしれない。

鰹の旬は年二回あるそうだ。春から初夏、黒潮に乗って北上する鰹が初鰹で、秋から冬が戻り鰹。

戻り鰹のほうが脂が乗っていたそうだが、江戸っ子はどっちかというと、さっぱりした味が好きだった。鮪《まぐろ》もトロよりも赤身が江戸時代は好まれた。

また、江戸っ子は「初」好きだった。出まわれば値も安くなるのに、あえて「初鰹」を食べる。

「まな板に小判一枚初鰹」

宝井其角の句だ。小判一枚っていうと、だいたい十万円くらい。

高いけれど、食って食えない金額でない。なんかの時に、パーッと金払いがいいのも江戸っ子なんだろう。ここ一番で金を使う。そのここ一番が「初物」で、他の何よりも「初鰹」が威勢がよかった。

「髪結新三」

鰹が出て来る落語っていうのはあまりないね。

初鰹は旬も短いし、威勢がよ過ぎて笑いにならないのか。

鰹は鰹でも、鰹節ならある。

「寄合酒」は皆で酒を飲むことになり、肴を持ち寄る。そのなかで、乾物屋の子供を騙して、鰹節をゲットする奴がいたりする。

他には艶笑小噺であったりする。

人情噺には初鰹がキーになる噺がある。「髪結新三」、もともとの題は「恋娘昔八丈」。人情噺というよりも歌舞伎でおなじみだ。「梅雨小袖昔八丈」、歌舞伎は明治六年、河竹黙阿弥・作の世話物の名作。元の話は「大岡政談」になる。

人情噺で口演されたのは幕末で、作者は乾坤坊良斎《けんこんぼう》と言われている。戯作者で、初代三笑亭可楽に弟子入りして落語家を名乗ったこともあり、講談もやっていたらしい。この時代、それらのボーダーもあまりなかったんじゃないか。他に「お富与三郎」も良斎の作。「髪結新三」の話をざっと説明しよう。白子屋という材木屋で起こった、夫殺害未遂事件。下手人のお熊が処刑される時、裸馬に乗せられて鈴ヶ森へ行く道中、黄八丈を着ていたところから、人情噺のタイトルは「恋娘昔八丈」。

黄八丈っていうのは、今の若い娘さんも着る普段用の着物で、黄色でカワイイ着物。時代劇では庶民の娘や茶店のお姉ちゃんなんかも着ている。八丈島の名産だから「黄八丈」。当時は夫殺人未遂の罪人が着たために、人気も急落したらしいが、芝居で役者が着ると、また人気になった。

白子屋の主人、正三郎は、元は紀伊国屋文左衛門の番頭で、独立して、新材木町(今の人形町と小伝馬町の間)に間口十二間の材木問屋の店を出し成功した。しかし、正三郎が中気《ちゅうき》(脳梗塞)で倒れ、店が傾く。

正三郎には女房のおつね、娘のお熊、息子の正之助がいた。お熊は派手で音曲好きの美少女、息子の正之助は根が性悪だったので勘当した。頼りはお熊だが、音曲やお洒落には関心はあるが、商売なんて出来ない。ましてや女だ。そこで、お熊に婿をとって跡を任せたい。

ただ商売に長けているだけの男では駄目だ。店は表向きはなんとかなっているが、内情は火の車で、とにかく金がいる。そこで、又四郎という男を五百両の持参金付で婿にする。又四郎は大店の番頭で、三百両近い金を貯めていた。又四郎の主人も白子屋と親戚付き合いが出来るならと二百両出し、ここに五百両の持参金が出来た。

ところが、又四郎は醜男で年齢も四十歳を越えている。お熊は又四郎を嫌がった。お熊は美男の番頭、忠七と以前から「わりない仲」だった。正三郎とつねは、いずれ又四郎は離縁してやるから、「今だけ辛抱してくれ」と言う。お熊は仕方なく又四郎と祝言はするが、病気だと偽って同衾《どうきん》（一緒に寝る）することはなかった。

そこに現われたのが髪結いの新三だ。こやつが忠七とお熊をたぶらかす。

五月の節句、忠七にお熊との駆け落ちをそそのかし、お熊をさらい、自分の家に隠す。白子屋出入りの善七に頼まれた、弥太五郎という侠客《きょうかく》が新三に掛け合うが埒が明かない。そこで、新三の長屋の大家、長兵衛が三十両で話をまとめて、お熊は白子屋へ戻る。

新三と長兵衛のやりとりで初鰹が出て来る。

「おや、いいものがあるじゃないか」

「さっき魚屋が持って来た。あんまり活きがいいから、一本あつらえたんだ」

「ふーん、ずいぶんと豪気じゃねえか。江戸っ子は初鰹を食わなきゃならねえっていうが、なかなか食えるものじゃねえ。安くねえだろう」

「それほどじゃねえ。三分二朱だ」

「三分二朱！　そんなに高けりゃ、俺たちには食えない。どうだい、半身をくれねえか」

「大家さんに言われちゃ仕方がねえ。半身は差し上げましょう」

「どうせなら骨のついているほうをくれないか。中落ちがうまいんだ」

初鰹をネタにした楽しい会話だ。

値段も三分二朱、其角の言う一両よりは二朱（一万円ちょっと）安いだけだ。魚屋も、ただの髪結いじゃない、半分やくざの新三だから金まわりもよかろうと、鰹を売りに来たのだ。

実はこの大家がしたたかで、鰹の半身に掛けて、白子屋から新三がせしめた金、三十両の半身、十五両を手数料にうばってしまう。しかも大家は白子屋からも五両の礼金をもらっている。

大家というのは、最小地域の行政責任者、犯罪者を捕縛したり、奉行所に通報する義務もあったので、同心や岡っ引きにも顔が利いた。それで、ならず者もうっかりは逆らえなかった。

歌舞伎でも狡猾な大家がくどく何度も「鰹の半身はもらってゆく」と言うところが、おかし味のある見せ場になっている。

さて、このあと、家に戻ったお熊は又四郎を殺そうとして捕縛され、また、弥太五郎は新三を殺し、二つの事件が大岡越前守によって裁かれる。

さて、鰹っていうのは、どうやって食べるのか。

やはり、叩きがうまい。

塩をふって、串で刺して、さっと火であぶるように焼く。焼き目がついたらいい。なかまで火を通さないよう注意する。荒熱をとって盛りつけ、生姜醤油か、柑橘《かんきつ》を混ぜた醤油で食べるとおいしい。

また、大家さんの言うように、骨についた中落ちを醤油と砂糖で煮てもうまい。この大家は、江戸っ子好みのさっぱり系でなく、脂たっぷりの鰹が好きなようだ。そこに大家の性格が現われている。

二、「茄子娘」茄子

家庭菜園っていうのは、今も流行っている。

ちょっとした庭があればいいし、ベランダでも出来る。ホームセンターなどに行くと、実の生る種や苗木が人気だ。こんなの日本で生るのかよ、というような熱帯果物の種も売っていたりするが、品種改良がなされて、ベランダに熱帯果物が実る時代なのだろう。ゴーヤでベランダの窓がカーテン状になって、夏に日除けになるのはうちもやったな。

江戸時代も家庭菜園は流行っていた。そこそこの庭があれば、畑なんかを作ったりしていた。

やはり、茄子とか、胡瓜が一般的なのか。

茄子に関する諺はいろいろある。

「秋茄子は嫁に食わすな」は有名だ。

秋茄子はうまいから、嫁には食べさせない。意地悪な姑の科白《せりふ》として登場する。嫁には贅沢させるな、という意味の諺として用いられているが、実際は違うらしい。茄子は体を冷やすから、女性には大敵、だから、嫁を気遣った姑の科白だという説もある。いやいや、それ自体がこじつけの姑の言い訳で、やはりうまいものを嫁に食われてなるか、息子、それと家の財産の例えとして茄子を挙げているんだとか、まぁ、これには諸説あるようだ。

私見だが、茄子なんてえのは秋に食おうが、夏に食おうが、たいして味は変わらないから、嫁に食わしたっていいだろうと思う。だが、二宮金次郎は茄子を食べて秋茄子の味がしたからと冷夏を予想したって。薪を背負うと茄子の味の違いもわかる。

「瓜《うり》の蔓に茄子は生らぬ」。そら生らないよ。つまり平凡な親からは天才は産まれない、というような意味らしい。

「親の意見と茄子の花は、千に一つの狂いなし」。茄子は花が咲くと必ず実が生る。親の意見は茄子の花のように間違っていないという意味。

茄子は花が咲くと、必ず実を結ぶというのはホントらしいね。


「茄子娘」


「千に一つの狂い」がなかったファンタジー落語。

戸塚の鎌倉山の小さな寺の住職、畑仕事が好きで、寺の庭でいろんな野菜を育てていた。とくに茄子を愛でていた。

苗木の頃から丹精をした茄子、まるまる太って、キュキュキュッ、きしむような茄子をいくつか摘んで夕餉《ゆうげ》の膳。

おかずなんか、それで済んでしまう。田舎の素朴な食卓が目に浮かぶ。

住職が蚊帳のなか、竹林から吹いてくる心地よい風を感じながら、うとうとしていると、年頃十七、八になりましょうか、秋の七草を裾模様にした友禅の着物に、黒繻子《くろじゅす》の帯を矢立に結んで高島田、鬢《びん》のほつれを口に咥《くわ》えたいい女がいる。

「そこにおられるのはどなたじゃな」

「私は茄子の精でございます」

「茄子の精？　何故出てまいられた？」

「はい。日頃、和尚様に可愛がられております。早く大きくなれ。大きくなったら、わしの妻《さい》にしてやる、とおっしゃいました」

「わしが言ったのは、菜《さい》にする。おかずにすると言ったのだ。妻《つま》ではない、間違えたのだ」

とんでもない間違いだ。おかずになって食べられちゃうのを、愛されていると思った、切ない女心だね。

それまでそんな気配はなかった。一転にわかにかき曇り、ゴロゴロゴロゴロ。ポツポツ落ちて来たかなと思ったら、盆を返したように、ザーッザーッ。

いいところで雨が降るね。

ピカッ、カリカリ。雷が近くに落ちる。「キャーッ」女が和尚の胸に飛び込む。飛び込むんだ。飛び込むよ。飛び込まないと話が先に進まない。

ガラリ夜が明ける。娘の姿はない。

「夢か。夢とは言え、出家にあるまじ女犯《にょぼん》の罪」

間のいいところはない。官能ものじゃない。あくまでも落語ね。

出家には五戒っていうのがある。一番重いのは女犯と言われている。つまり女性と同衾しちゃいけなかった。昔は。ホントかね。

諸国修行の旅に出て、五年経って帰ってみたら、寺は無住で荒れ果てていた。

畑へ出てみると、

「お父様」

見ると、年頃五歳くらい、おかっぱ頭の可愛らしい女の子がいる。

「今、なんと申された」

「お父様と申しました」

「困ったな。私は今宵の宿も定まらぬ旅の僧侶、父親であるはずはない。さぁ、早く家に戻りなさい」

「でも、あなたがお父様」

「何故、私があなたの父親じゃ」

「私は茄子の娘ですもの」

「なれば夢ではなかったのか。そなたは私が戻るのを待っていたのか。愛しやのう。いくつになられた」

「五つでございます」


ここでさっきの諺が生きてくる。

住職と茄子の精は一夜の過ちだけれど、子供が出来て、子供は一人で育って父の帰りを待っていた。

人間と、狐狸《こり》や、鶴や亀なんかが夫婦になる話はあるけれど、茄子はなかなかないな。桃太郎はもしかして、人間と桃の間の子か。そんなわけはない。

とにかく、菜にするはずの茄子を妻にした男の話だ。そんなことがあるのか。あるんだろう。一夜のファンタジーなんだけれど。落語だ。なんともバカバカしい落ちが待っている。たぶん、この落ちから出来た噺なんだろうけれど、夏の夜っていうのは、妖しく男心はゆすぶられるものかもしれぬ。

三、「酢豆腐」体裁のいい酒の肴

暑気払いに一杯飲む、というのは今もある。

現代なら、生ビールになるんだろうが、冷酒というのもうまい。

冷や酒と冷酒は違う。冷や酒は常温ね。冷酒っていうのは冷蔵庫で冷やした酒。だから、冷酒っていうのは現代のもの。

江戸時代は冷や酒もあったけれど、たいていは燗をして飲んだ。冬場はいいが、夏はどうだ？　夏だって燗酒だ。燗をつけて飲むのが普通だった。冷や酒は体に悪いから。実は俗説で、むしろ冷や酒だと酒がすすむので、飲み過ぎるからよくないということらしい。酒は高価だったから。昔は基本的にカブカブ飲むもんじゃなかったということだ。

さて、夏に酒を飲む時に好まれた肴は何か。

「酢豆腐」という落語のなかで、兄貴分が夏の酒の肴について語る件《くだり》がある。


「酢豆腐」


「銭が掛からなくて、酒飲みの食い物らしくて、歯あたりがよくて、腹にたまらない。さっぱりして、衛生によくて、他人に見られて体裁のいいような夏の食べ物」

「銭が掛からない」のが、やはりいい。おいおい、初鰹を食べる江戸っ子がいちいち銭のことを言うのか？　江戸っ子はここ一番の時に銭を使うんだ。ここ一番の時に使うためには、普段は節約しなくちゃいけない。それに肴に銭を掛けるなら、一合よぶんに飲みたい、という気持ちはある。

また、「酢豆腐」は、皆で酒を飲む噺だ。町内の若い者、だいたい同じくらいの年齢で、同じ地域に住んでいる。職業は職人が多い。生活レベルもほぼ同じだと思われるが、それでも収入には差がある。そういう時は低いほうに合わせる。それが人付き合いの秘訣でもある。低いほうには合わせられるけれど、高いほうには合わせられない。銭のないほうに合わせることが思い遣りなのだ。

低いほうに合わせられない奴、「貧乏人とは付き合いたくないねえ」などと言っている奴は嫌われる。「貧乏人とは付き合いたくない」と言ったって、たいした金持ちじゃないから、旦那衆のコミュニティにも入れない。だったら、低いほうに合わせて、このコミュニティにいたほうがいいのだ。

金がないわけではないが、たまたま持ち合わせがない、なんていうこともある。「酢豆腐」の場合、集まった者たちは皆、銭の持ち合わせがなかった。銭なんかなくたって酒は飲める。普段の付き合いがあるから。信用売りで、酒屋に行けば三升くらいの酒はなんとかなる。それも江戸っ子だ。

「酒飲みの食い物らしい」、どういうのが「酒飲みの食い物」なんだろう。それを検証してみよう。

「歯あたりがよくて、腹にたまらない」、食感がいいものが好まれた。あと、炭水化物系じゃないほうがいいのかな。

「さっぱりして、衛生によくて」、夏だから、さっぱり系がいい。衛生にいいっていうのは、昭和のはじめ頃の流行なんだろう。純粋な江戸の噺でなく、時代時代のちょとした流行が取り入れられるのが落語の面白さでもある。

「他人に見られて体裁のいいような夏の食べ物」、これ重要。江戸っ子は体裁を気にした。銭が掛からなくたって貧乏臭いものは食べない。「腹にたまらない」というのはガッガッと食い意地が張っているように見えない食べ物という意味だ。「粋」とか「いなせ」、形が大事だった。形ばかりで中身がともなわないものは、実は「野暮」で、だから、「粋」と「野暮」は表裏、紙一重でもあった。


さて、兄貴分の意見に添って、町内の連中から、さまざまな提案が出される。

最初に出た提案は、

「爪楊枝を一袋買って来る。それを一本ずつ咥えて酒を飲むというのはどうだい」

「それでどうなる」

「はたから見れば、うまいものを食ったあとに見えて体裁がいい。歯の掃除が出来て衛生にいいし、腹にたまらねえ」

たしかに条件は満たしているが、爪楊枝は酒の肴にはならない。

次の提案。

「ここの家の糠味噌桶に手突っ込んでごらん。思いがけない古漬けがあるから。それを細かくカクヤに切って、水に泳がせてから布巾で絞って生姜でも刻みこんで醤油でも掛けて出してみねえ」

昔はどこの家でも漬物を食べた。保存食で、ビタミン補給になる。

カクヤとは古漬けを塩出しし細かく刻んだもの。高野山の隔夜堂の守をする老僧のために考案された食べ物で、徳川家康の料理人だった岩下覚弥がはじめたところから、覚弥、または隔夜と書く。

古漬けのカクヤはナイスな提案だ。

「やはり、さんざん銭を使った道楽者じゃないと、こういう知恵は出るものじゃないよ。おそれいりました。ところで、おそれいりついでに、お前が言い出しっぺだから、糠味噌の古漬けを出してくれないか」

「おいおい、俺が考えたんだよ。考えた俺に言いつけるのはおかしくねえか。誰か他の者に頼もうか」

「わかったよ。じゃ、吉さん、お前、すまねえが古漬けを出して来ちゃくれないか」

「それがさ、この間、断ち物をしちまったんでね」

「何を？」

「糠味噌桶に手を入れないって、金比羅様に断っちゃった」

「それじゃ、しょうがない。六ちゃん、頼むよ」

「それが遺言でね。おふくろが死ぬ時に、お前、糠味噌桶には手を入れてくれるなと」

「よせよ。お前のおふくろ、まだ生きてるじゃないか。辰ちゃん、頼むよ」

「ごめんこうむりやしょう」

「何を？」

「ごめんこうむるって言ってるんだよ。目先を利かせて、口を利きやがれ。コウ、世の中に糠味噌くれえ野暮なものはねえ。手を突っ込んだが最後、何度洗っても臭味が落ちやしねえ。ニチャニチャ油ぎりやがって爪の間にはさまっているなんざぁ、いい若い者のすることじゃねえ」

誰も糠味噌桶に手を突っ込むことが出来ない。そら臭いは嫌だし、気持ちはわかる。でも、毎日かきまわすから、うまい古漬けが食える。

男なんてえのは意気地がないものであるが、それを毎日やる女は偉いね。

だから、たいていの男は女房に頭が上がらない。うまい古漬けが食えるのは、女房のおかげなのだ。

このあと、江戸っ子連中は色男気取りの半ちゃんを脅して古漬けを買う銭を巻き上げる。さらには昨日の豆腐が出て来るが、冷蔵庫のない時代の夏、昨日の豆腐が食べられるわけがない。だが、これを珍品料理と偽って乙を気取っている若旦那に食べさせちゃう。

銭がある時は、刺身でもなんでも買う。なければ古漬けや豆腐がいい。うまいものなんかなくたっていいんだ。若い者が集まって、コミュニティの和を図る。馬鹿話が酒の肴なんだ。

四、「唐茄子屋政談」唐茄子

江戸時代も店舗営業の八百屋はあったが、庶民が野菜を買おうと思えば、八百屋よりも棒手ふりの小商人《こあきんど》から買った。

棒手ふりは、天秤棒を担いで町々で商品を売り歩く。

天秤棒があれば商売がはじめられる、無資本でも構わない。売る商品は仕入れなくてはならないが、河口で蜆《しじみ》や蛤《はまぐり》を拾って売れば仕入れの金もいらない。店舗の八百屋や豆腐屋の委託で売り歩く者もいた。

短期で金を稼ごうと思えば、いくつかの棒手ふりの掛け持ちもあった。「ねずみ穴」の竹次郎の一日は、

朝、早く起きまして「なっと、なっとー」、納豆を売って歩くと昼前には「豆腐ゥィ、生揚げがんもどき」、昼過ぎになると「金ちゃん甘いよ」、茹で小豆を売りまして、暮れ方になると「茹でだし、うどーん」、夜になると「お稲荷さんよ」、稲荷寿司を売る。夜中には泥棒の提灯持ち……。

店舗の八百屋にはいろんな野菜が売っているが、棒手ふりは単品売りだ。そんなに多くの量も種類も担げない。

「たらちね」は岩槻の葱、「かぼちゃ屋」はかぼちゃ。旬の野菜を単品で売った。長屋にいれば売りに来た。棒手ふりの八百屋が売っている品物が旬の野菜だ。それを買って料理を考えればよかった。

夏の野菜というと、葉もの野菜が旬だが、かぼちゃも夏が旬だ。

かぼちゃはまたの名を「唐茄子」という。十七世紀に日本に伝わったが、当時は外国の

ことを全部ひっくるめて「唐」といった。外国人は唐人《とうじん》だし、外国の流行モノは唐物《からもの》と呼ばれた。異国の野菜だから「唐茄子」、単純な呼ばれ方だ。かぼちゃを唐茄子と呼ぶのは江戸だけらしい。ちなみに「かぼちゃ」というのはカンボジアが原産だかららしい。

かぼちゃは夏の野菜だが、冬至にかぼちゃを食べると風邪にかからない、とも言われていた。あの厚くて堅い皮があるので保存が利く。野菜不足になりがちの冬に保存の利くかぼちゃが貴重な野菜補給源になったのだろう。

「唐茄子屋政談」

放蕩で勘当された若旦那、吾妻橋から身を投げて死のうとするのを、たまたま通り掛かった叔父に助けられる。

叔父は若旦那を立ち直らせるために、棒手ふりの八百屋をやらせる。季節は夏。旬のかぼちゃを仕入れた。

「お前は今日から商売《あきない》をするんだ」

「なんの商売？」

「唐茄子を売るんだ」

「唐茄子？　お店で？」

「あれ担いで売って歩くんだ」

「唐茄子を？　あの荷を担いで私が？　嫌ですよ」

「なんで？」

「唐茄子なんか担いで歩いたら、若旦那が唐茄子売って歩いてたなんて言われたら、みっともない」

「生意気を言うな。唐茄子売るのがみっともない？　手前のような野郎に売られて唐茄子のほうがみっともねえや。肩に天秤棒当てて、唐茄子屋でございと売り歩くのの、どこがみっともないんだ」

若旦那はみてくれで嫌がるが、そういう問題でもない。箸より重いものを持ったことのない若旦那に、十数個のかぼちゃが担げるのか。

叔父さんもいろいろ気遣いはしているんだ。

「俺が大山にお詣りに行った時にかぶっていた浅い笠があったろう。あの笠を出して。庭にいちじくの葉っぱがあるから、大きい奴をなかに入れてやってくれ。炎天歩いているといけねえからな」

今でいう熱中症予防、笠のなかにいちじくの葉を一枚敷くとずいぶん違う。

弁当のおかずは梅干。梅干が入っていると飯が腐らない。酸味も暑さ対策の一つだ。

いたれりつくせりで荷を担いで本所の叔父の家を出た若旦那、なんとか吾妻橋は渡れた。しかし、田原町まで来ると、ちょうど炎天下、燃えるような暑さ。肩は腫れ上がっている。腰は浮いている。何かにつまずくと、トントントントントン、つんのめると、荷放り出して、日陰に這ってゆくと、

「人殺し」

「人殺し？　お前か」

「へい」

「誰かにやられたのか。相手は誰だ？」

「相手は……、唐茄子」

叔父さんも最初から重たい唐茄子なんか売らせなければいいのにね。

さて、唐茄子料理というと、煮たりするのだろうが、変わった食べ方もある。

田原町で倒れた若旦那、たまたま通り掛かりの男が助ける。事情を聞いた男は義俠心のある男で、

「今、知ってる奴が通ったら売ってやるよ。おいおい、定公、すまねえ、唐茄子、買ってくれ」

「唐茄子？」

「この人が気の毒だ。買ってくれるか。すまねえ。おい、甚兵衛さん、唐茄子、買ってくれないか」

「何を？」

「俺の親類じゃないがな。人にするんじゃねえ。自分にするんだ。買ってくれるか。江戸っ子だねぇ。猪ちゃん、逃げるな。唐茄子買え。よしよし、ありがとう。勝ちゃん、唐茄子。荷を軽くしてやりてえんだ。ありがとうよ。おい、半ちゃん、唐茄子買ってくれ」

「ふーん」

「ふーんじゃねえよ。買えよ」

「俺、唐茄子、嫌いなんだよ」

「いいじゃねえか」

「嫌だよ。俺、ガチャガチャ（クツワムシ）じゃねえから」

「そんなこと言わねえで、一つでいいから買ってくれよ」

「唐茄子なんて江戸っ子の食いもんじゃねえや。鰹の半身なら買うよ。唐茄子はご免こうむる。俺は唐茄子は大嫌いだ」

「嫌いか」

「嫌いだね」

「そうかい。なら、無理に買ってもらわなくても結構だ。お前、三年前に親方しくじって、俺の家の二階に居候していたことがあったな」

「な、何も三年前の話なんてしなくてもいいだろう」

「その時にうちのカカアが唐茄子の安倍川こしらえた。その時に、お前、おかみさん、ありがとうございますって、四十五個食いやがったろう」

唐茄子の安倍川、そんな料理もあるんだね。唐茄子を餅に見立てて黄粉をまぶしたものだろうか。唐茄子が甘いから、砂糖を混ぜずに黄粉だけで食べても甘くてうまい。

「唐茄子屋政談」はこのあと、若旦那が人助けをして、勘当が許される。

「唐茄子屋政談」と類似の噺に、与太郎噺の「かぼちゃ屋」がある。与太郎の父親が八百屋で、父親の兄だか弟が親切に商売のやり方を教えてくれる。

「今年はかぼちゃの当たり年だから、かぼちゃを売って来い」

野菜には季節の旬だけではない。年ごとに当たりはずれがあるようだ。

「かぼちゃ野郎が、かぼちゃを売っているんだから間違いない」

唐茄子の安倍川もだが、甘いかぼちゃは、おかずというよりは、おやつの部類かもしれない。女子供の食べ物、だから、江戸っ子を気取る野暮は「嫌いだ」などと言ったのかもしれない。

五、「佃祭」梨

江戸時代の人は病気になったらどうしたか。もちろん、医者はいたが、抗生物質もないし、麻酔もないから手術も出来ない。医者は外科治療か、薬草の処方、あとは脈をとって首をかしげるだけだ。

重い病気ならたいていは死ぬ。でもまれに治る場合もある。おそらく症状は重いが軽い病気だったのか、一時的な回復かなんだろうが、とにかく治ることはあった。

たいていは死ぬが、運がいいと治る。病気になったら、運を増やすしかない。どうするか？　神仏に祈るしかなかった。

神仏に祈ることで、生きる気力が生まれ、治癒の手助けをするというのもあるのだろう。精神的な支えは大きい。

重病だけではない。ちょっとした病も神信心で治した。案外辛いのは虫歯じゃないか。それこそ、薬はない。今みたいに削って金属を埋めるなんていう治療はないんだ。酷いものは抜くという方法もあるが、あとは我慢しかない。結局、神様に祈るしかなかったんだ。で、虫歯（歯痛）は梨を断って戸隠さまに祈ると治った。治らないけれど、そう言われていた。

戸隠さまとは、信州戸隠にある寺というか神社というか、もとは真言や天台の密教と神道の混ざった修験道の山岳信仰である。江戸時代は徳川の保護を受け寛永寺の末寺となり、戸隠も門前町として栄え、江戸にも分寺があり、「戸隠さま」として信仰を集めた。明治以降は神仏分離で戸隠神社となった。虫歯にご利益《りやく》があるのは、戸隠の奥社の一つ九頭龍社をいう。

で、なんで梨を断つと虫歯が治るんだ？　よくわからない。むしろ、梨にはソルビトールというのが含まれていて、虫歯菌抑制の効果があるらしい。梨を断つのではなく、たくさん食べたほうが虫歯予防になるようだ。

「佃祭」

「佃祭」という落語に、梨を断って虫歯を治そうとするエピソードが出て来る。

「佃祭」は面白い噺で、昔助けた女に命を助けられる人情噺的な展開から、葬式の悲喜こもごも、そして、極めつけは、死んだと思った人が帰って来るというコントな場面、さらに、与太郎の活躍でオチと、盛りだくさんな一席。面白いのは、葬式の場面で、梨のエピソードはおまけな気もしなくはないが、信心という共通テーマがあるので、梨のエピソードを含めて「佃祭」なのだろう。

神田お玉ヶ池の小間物屋の主人、治郎兵衛が佃祭を見物に行く。仕舞い舟（最終便）に乗ろうとしたところを見知らぬ女に袂《たもと》を引かれて乗り遅れてしまう。女は三年前、女中奉公していた時、主家の金三両を紛失、吾妻橋から身投げをしようとしたところをたまたま通り掛かった治郎兵衛に助けられた。治郎兵衛は持ち合わせていた三両を女に与えて、女は身投げを思い留まり、今では佃島の漁師の辰五郎に嫁ぎ幸福に暮らしているという。

女は治郎兵衛を見掛け、礼がしたいと袖を引いたのだ。舟は出てしまった。あとで辰五郎が舟を出して送ってくれると言うので、治郎兵衛は辰五郎の家でもてなしを受ける。すると、治郎兵衛が乗ろうとしていた舟が沈み、船頭も客も全員死んだという知らせが入る。治郎兵衛は命拾いをした。

一方、舟が沈んだ知らせは治郎兵衛の家にも伝わった。治郎兵衛が死んだと思った女房のたまや、町内の人たちは葬式の用意をする。与太郎の心のこもったくやみがあったり、死骸を引き取りに行く時に、たまが治郎兵衛との惚気話《のろけ》をしたり。治郎兵衛は翌朝、辰五郎に神田川まで送ってもらい帰宅。家では治郎兵衛の葬式がはじまろうとしていたので大騒ぎになる。

三両の件を聞いた与太郎は自分も人助けがしたくなり、三両の金を懐に身投げを探して歩く。与太郎っていうのは、面白いことは真似したくなる。この与太郎は三両の金が自由になる、ちょっとリッチな与太郎だ。

腰弁当で毎日身投げを探して歩きますが、時化《しけ》と見えましして、ちっとも身投げが見つかりません。ちょうど一月経った翌月の十七日の晩、永代橋に掛かって参ります。月が昇ってキラキラッと波に映える様子は絵のようでございます。景色に見とれながら橋の真んなかに参りますと、欄干のところに年の頃は三十格好、色のくっきり白い年増が一人、なりを見ますと薩摩の細かいかすりに、八反と黒繻子の腹合わせの帯を引っ掛けに結びまして、素足に吾妻下駄、丸髷《まるまげ》は根が抜けて左に大きくガックリ、鬢のほつれを二、三本口に咥えて、目にいっぱいの涙をためて、欄干につかまって片手合掌で水面を拝んでおります。

これを見て喜んだ与太郎さん。

「ありがてえ。あったあった」と、後ろから抱き止めた。

「おかみさん、はやまったことをしちゃいけません。お待ちなさい」

「何をするんです。離してください」

「お前さん、三両の金に困って、ここから身を投げるんだろう」

「そうじゃありません。歯が痛いんで、戸隠さまに願を掛けているんです」

「そんなことを言ったって騙されないよ。たもとに石が入っている」

「石じゃありませんよ。これは戸隠さまに納める梨でございます」

十三夜の永代橋で身投げ女をみつけた与太郎は「ありがたい」と抱きついた。女は身投げでなく歯痛で、袂に入っているのは石でなく梨だった。


さて、その梨。弥生時代から食べられていたらしい。

「日本書紀」では持統天皇の時代に、飢饉に備えて梨栽培が奨励されていた。

江戸時代は千葉のあたりが産地。フナッシーのあのあたりね。結構、江戸時代から一般的な果物として食されていた。

第四章　夏

——酒の肴の定番料理

一、「青菜」鯉のあらい

夏は暑い。お百姓や、重い荷を担ぐ棒手ふりの商人には過酷な季節である。

だが、暑い夏は夏で楽しみもいろいろある。

暑さを楽しむ。夏の午後なんかに汗を流しながら昼寝をする、なんていうのは、案外気持ちよかったりもする。

暑いから、かすかな涼が快感になることもある。

打ち水、なんていうのは、その一つだろう。水を撒いたところを通る風が、涼をもたらす。

夕涼みなんかもそうだ。日が陰ると、気温も下がる。浴衣とか麻の着物とか、涼しいものを着て散歩に出るのも楽しい。

怪談を聞く、なんていうのもあるだろう。

行水もあるか。女性の行水をのぞく、ではない。ちらりと横目で見て、ちょっと得した気分になる、なんていうのもあったかもしれない。

夏の食べ物もある。前項の、茄子や、他にも、西瓜《すいか》、瓜など。井戸に入れて冷やしたりもした。

近代なら、氷やアイスクリームもあったろう。

酒も常温の冷や酒でも冷たく感じたろう。

「暑気払いに一杯飲みましょう」なんていうことは、生ビールが登場する前から言われていた。

「青菜」

夏の日のお屋敷の夕方近く。

「植木屋さん、ご精が出ますな」

屋敷の旦那が植木屋に声を掛けた。

植木屋は煙草を吸って一服していたんで、「ご精が出ますな」と声掛けられて驚いた。精なんか出してやしねえ、一服していたんだ。でもそんなことは言えない。

「植木屋はなまけ者でいけねえ。半日煙草飲んで遊んでいる、なんて言う人もいますが、そうじゃねえんで。煙草飲みながら仕事の段取りをつけますんで、はじめからパチパチ鋏入れる奴には碌な仕事は出来ません」

「植木屋さんが毎日来てくれて手入れをしてくれるんで心持ちがいい。水を撒くの一つとってもそうです。うちの下女にやらせると水溜りばかりこしらえてまずい。そこへゆくと植木屋さんは、商売人だけあって、いや、水を撒くのに商売人も素人もないでしょうが、植木屋さんが撒いてくれると夕立があったようでまことに気持ちがいい。青いものがあって、そこに雫が落ちる。そこを通ってくる風なんぞは気持ちがいいな」

それもこれも、お屋敷の広い庭があればこそだが、水撒き一つで夏の涼を楽しむというのはあるのだ。

そして旦那は、植木屋に酒を付き合うように言う。

「今、綺麗になった庭を眺めながら一杯やっておりました。時に植木屋さん、あなた、御《ご》酒《しゅ》はおあがりか」

「あっしは酒と聞いたら銭だけ飲むほうで」

「銭だけとは？」

「旦那にはおわかりないかもしれませんが、一両持ってりゃ一両飲んじまう、二両持ってりゃ二両飲んじまう、銭のあるだけ飲んじまわないと気が済まない性分なんで」

「そんなにお好きなら、お酒をご馳走しましょう。縁側にお掛けなさい」

「催促したようで」

「今、私がやっていたのは、大坂の友人からもらった、やなぎかげ。小さなコップがある。

それでもっておやんなさい」

「やなぎかげ？　おそれ入ります。なんか幽霊が出そうな酒ですね。ちょうだいしやす。旦那これ、なおし、とかいうのと違いますか？」

「そうですな。こちらでは、なおし、大坂では、やなぎかげと申しますな」

「口当たりがよろしゅうございますな。うん。冷たい」

「冷たくはない。今、あなたは日向《ひなた》にいらした。働いておった。口のなかに熱がある。さほど冷たくないものを飲んでも冷たく感じるのじゃな」

「あー、そうですか。なるほど。夏場のなおしは口当たりがよろしゅうございます」

「鯉のあらいがあるから、おあがりなさい」

「鯉のあらいと申しますと？　これですか。これ、鯉ですか。鯉なんてえのは黒いものかと思いましたが、ずいぶん白くなりましたね。あらいっていいますと、シャボンをつけて洗ったんですか」

「何を馬鹿なことを言っておる」

「ちょうだいいたしやす。うん。しこしこしてうまいものですな」

「淡白なものだ。冷やしてあるのが値打ちだな。下に氷が入れてある」

なんとも優雅な酒の時間だ。

夏の午後。水を撒いた庭には涼風。

鯉のあらいを肴に飲むやなぎかげ。

やなぎかげは焼酎にみりんを加えた甘口の酒らしい。飲んだことはない。現代でも冷やした白ワインとか、夏場の甘い酒もおいしかったりする。

そして、鯉のあらい。もちろん、鯉を洗って白くしたんじゃない。あらいとは冷水で魚肉の身を締めた料理。酢味噌で食べる。

このあと旦那が植木屋に菜のおひたしをすすめる。しかし、生憎《あいにく》、台所で菜を切らしていた。そこで奥様が「菜を切らしたこと」を、

「鞍馬山から牛若丸が出《いで》まして、その名を九郎判官《くろうほうがん》」

「では、義経にしなさい」

菜は喰ろう（九郎）てない、では、よしにしろ（義経）というお屋敷の隠し言葉。その意味を聞いた植木屋は感心し、真似てみようとする。

家に帰った植木屋は女房に段取りを教える。

植木屋の家は一間しかない。仕方がないので、夏の暑いなか、女房を押入れに入れる。

友人の大工が通り掛かる。湯の帰り道だ。湯に入って、汗を流してさっぱりするのも、

暑さ対策の一つだ。

植木屋は大工に酒肴を振る舞う。酒肴ったって、普通の酒に、肴も鯉のあらいなんてない。鰯の塩焼きだ。

「青いものがあって、そこに雫が落ちる。そこを通ってくる風なんぞは気持ちがいいな」

「何を言ってやがる。青いものなんぞねえや。そこにあるのは掃き溜めだ」

「掃き溜めに石油乳剤を撒いて、はさみ虫が歩いているところなんぞは、涼しいなぁ」

涼しくもなんともない。暑苦しいだけだ。裏長屋なんていうのは、そういうものだ。

「大坂の友人からもらった、やなぎかげをおあがり」

「なおしかい。いただくよ。湯上がりで一杯、ありがてえや。これは当たり前の酒じゃねえか」

「やなぎかげだと思っておあがり」

「どっちでもいいや」

「冷たくはない。今、あなたは日向にいらした。働いておった。口のなかに熱がある。さほど冷たくないものを飲んでも冷たく感じるのじゃな」

「冷たくはないよ。燗がついてるよ」

「鯉のあらいがあるからおあがり」

「鰯の塩焼きじゃねえか」

「鯉のあらいと思っておあがり」

「旬だから脂が乗っててうまいや」

「いや、淡白なものので。冷やしてあるのが値打ち」

「焼いてあるよ」

こんな調子だ。

夏の日の涼とは無縁の長屋だが、逆に暑さを楽しんでいるところがなくもない。植木屋で、そこそこ高収入の職人だから、食卓には酒がつく。涼しげな鯉のあらいもいいが、鰯の脂が乗っているのも夏の旬の食べ物。何もさっぱりしたものばかりがいいわけではない。夏にこってりしたものを食べるのも、楽しみの一つなのだ。

で、落語のお約束で、屋敷言葉の真似は失敗する。

暑いのに押入れに入った女房はなんでそんなことをしたのか。たぶん、面白そうだったからだろう。亭主の座興《ざきょう》に付き合うのが面白そう。そうした日々の座興が生活を豊かにしていたのだろう。

二、「馬のす」　枝豆

「とりあえずビール」

　現代の酒飲みの定番かもしれない。ビールで乾杯。とくに夏は、冷えた生ビールがいい。生でなくても、とりあえず飲むなら缶ビールでもいい。

　そんなビールにはどんな肴がいいか。

　チーズとか、ソーセージとか、そういうものもいいかもしれないが、やっぱり定番は枝豆だろう。

　枝豆ってえのは何かと言うと、大豆の若いやつ。成熟する前の青いうちに収穫したやつ。昔から、日本でも中国でも西洋でも、豆は食されていた。西洋だと、それこそ「ジャックと豆の木」なんてお話もある。あの豆がなんの豆かはよくわからない。

　日本では、縄文時代から豆は食され、江戸時代の中頃には、枝豆売りなんていうのもいた。夏に枝のついたまま、茹でたものを売って歩いた。おかずとか酒の肴というよりは、おやつ感覚だったようだ。枝についたままの豆が「枝豆」の名の由来と言われている。

　枝豆の出てくる落語に「馬のす」がある。

ビールの肴でなく、酒の肴として登場する。

いろんな演じ方があって、馬が出て来るから江戸時代の話としても演じられると思うが、八代目桂文楽の演じ方が踏襲されていて、文楽の時代の現代、すなわち大正の中頃から、昭和のはじめ頃の演出が主流になっている。

江戸時代だろうが昭和のはじめだろうが、ビールは高級品。庶民が家で飲むのは、当たり前の酒。日本酒にも茹でたての枝豆は絶好の肴だった。

「馬のす」

釣りに行こうと思っている男が道具を調べていると、テグス（天蚕糸。釣り糸に用いる絹製の白色透明の糸）がダメになっている。ちょうど、馬子《まご》が家の前に馬を繋いだ。馬の尻尾がテグスの代わりに使えると聞いたことがあった男は、馬の尻尾を抜こうとする。そこへ友達が通り掛かる。

「おい、なにしてんだい」

「びっくりした。脅かすなよ」

「何してるんだよ？」

「何してるって、釣りに行こうと思ったらテグスがまいっちまって。馬の尻尾を抜こうと思って」

「馬の尻尾抜いたの？　凄いことするね」

「いけないか？」

「いけないなんてもんじゃないよ、お前」

「馬の尻尾を抜いたらどうなるのか知らないね。知らないから抜けるんだ、こら、驚いた」

「変なこと言うな。馬の尻尾を抜いたら、どうなるんだ？」

タイヘンだとか、驚いた、よくそんなことが出来る、とか言いながら、友達は馬の尻尾を抜くと何がタイヘンなのか、なかなか教えてくれない。

そうこうするうちに、友達は酒をご馳走しろと言う。

「君の細君が今朝、一升瓶二本下げて家の前を通った」

ちゃんと知ってるんだ。

個人情報つつぬけ。というか、誰もそんなことは隠さない。

コップに酒を注ぐ。

どうやらこの友達が訪ねて来たのも、一杯ご馳走になりに来たようだ。

「おかずはいりませんよ。枝豆があるの？」

おそらく、これも知っていたんだろうね。

「馬の尻尾をお前が抜いていたんで、酒にぶつかった。俺も知らなかった。炊いてたんだ。そしたら、年輩の人に、およしなさいって言われて。こうこう、こういう祟《たた》りがありますよって言うから、俺はゾッとしちゃった。なんでも聞いておくもんだ。聞くは一時の恥。お前が竹馬の友だから教えてやる」

なかなか馬の尻尾の話をしない。酒を飲み、枝豆を食べる。

「電車混むね。電車混むと悪い奴が増える。女の子の腿《もも》切ったり、オケツなでたり。ああいうことは昔からあったんだ」

「電車混むね」の電車は路面電車のこと。東京で路面電車が走ったのは、明治三十六年、新橋‐品川八つ山。明治四十四年に東京市が路面電車各社を買収し、東京市電となる（昭和十八年の都政施行で都電となる）。大正の中頃に一日の利用者が百万人を越え、朝晩のラッシュは電車にぶらさがって乗った者もいたというから、「電車混むね」と話題にするのはこの頃だろう。

電車が混むと痴漢も出た。「昔からあったんだ」と言い切るんだもんなぁ。電車とともに、痴漢の歴史もあった。女性の腿を切った、なんて事件もあったんだろう。だからと言って痴漢を肯定しないのも落語だ。落語は決して「人間の業《ごう》」なんか肯定しちゃいない。

スケベ心くらいは肯定しても、犯罪には厳しい。

女性の腿を切った痴漢は捕まって三年の実刑になった。お尻をさわった痴漢も八年の実刑、そっちのほうが重いんだ。なんのことはない、「腿切り三年、ケツ八年（桃栗三年柿八年）」って洒落だ。

こんな話をしながら、枝豆を食べる。

茹でたての枝豆。熱い。

枝豆食べる仕草が見せ場。

落語には食べ物を食べる仕草がいろいろ出て来るが、「馬のす」の枝豆も代表的な食べ方を見せる仕草の一つ。

枝豆食べて、酒飲んで、こういう話をするのが面白味。

馬の尻尾を抜いたらどうなるかは、どうでもいい。

ちなみに「馬毛」と書いて「馬のす」という。

三、「鰻の幇間」鰻

夏のご馳走と言えば、鰻がある。

別に、夏でなくても鰻はご馳走だ。

平賀源内が「土用丑の日鰻食うべし」と言う前から、夏に鰻は人気だった。寿司や天ぷら、蕎麦と並ぶ江戸の外食産業の一つとして親しまれていた。江戸は深川などに生活用水があり、イキのいい鰻が採れた。江戸産の天然鰻だ。

江戸の蒲焼は、鰻の背を裂いて、白焼きにし、串を刺してタレをつけて焼く。関西では腹を裂いたが、武士の街である江戸では、腹を裂くのは切腹に通じるから縁起が悪いと背開きになったそうだ。鰻丼、鰻重が登場したのは文化（一八〇四～一八）の頃らしい。

鰻の値段は、十六文～二百文とまちまち。鰻の太り具合や、店のタレの味などによって差があったという。

鰻の出て来る落語は多い。「素人鰻」「鰻の幇間《たいこ》」「後生鰻」「包丁」など。「しわい屋」にも鰻が出て来る。鰻屋の隣にケチな人が住んでいて、鰻を焼く匂いをおかずに、ご飯を食べるという、これは強者だね。月末に鰻屋が勘定取りに来た。

「鰻の嗅ぎ賃いただきます」

これにはケチも驚いたが、負けていない。銭を袋に入れて、

「嗅ぎ賃だから、音だけ聞いてお帰り」

「鰻の幇間」

「鰻の幇間」は、鰻の食べ方、どんな鰻が好まれたか、鰻屋の利用の仕方などが述べられている。

幇間というのは、たいこもち。俗に男芸者などと言われるが、実は芸をやることは滅多にない。幇間がしゃしゃり出て芸なんぞやることはないのだ。料亭などで遊ぶ旦那は唄の一つくらいは歌えるから、むしろ芸者の三味線で自分が歌いたい。幇間の芸なんかはいらない。

幇間の仕事は、いわゆる宴会コーディネート。座敷の一切を仕切る。その日の金主から、予算分の金を預かり、その範囲で、どの店に行って、どんな料理を頼んで、芸者を何人呼ぶか、そういう一切の差配をするのである。余程盛り上がらない座敷では芸をするのだが、盛り上がらない座敷を盛り上げるだけの芸の力がなければならない。

たいていの幇間は、芸者などと一緒に見番に所属しているが、なかには野幇間《のだいこ》と呼ばれ

るフリーランスの幇間もいる。個別に旦那を持ち、その旦那の宴会に必ず侍《はべ》る。旦那もいちいち見番を通さず、すぐに宴会を仕切ってもらえるから、個別に野幇間を抱えていたほうが得というのもある。

そんな野幇間が主人公。夏の季節、このところお座敷が少ない。手土産を持って挨拶まわりに行くが、旦那方は避暑地に出掛けて留守で、手土産だけ取られて一銭にもならない。そんな時に、たまたま知り合いに会う。浴衣を着たその男が誰だかは思い出せないが、どっかで見たことのある旦那だ。とりこんで仕事に繋げたい。

浴衣の男は、「飯でも食うか」と言い、幇間を鰻屋に誘う。二階の座敷に上がる。ところが浴衣の男は、幇間を置き去りにし、勘定を払わず逃げてしまった。手銭で勘定を払わなければならなくなった幇間は、その店に怒りをぶつける。鰻屋の女中に対する小言がすさまじい。

「君、お銚子をつけなおしておくれ。こんなぬるい酒てえものはないよ。おまけに水っぽいたってねえや。飲んでるそばから頭にピン、あたピンじゃないか。なんてえ酒だい？カブト正宗？　酒落てるんじゃないよ」

まずは酒に対する文句から口火を切る。

「徳利の口が欠けてますよ。どうでもいいけど。鰻屋の徳利なんてえのは無地にしてもらいてえね。絵が描いてあらあ。その絵もいいや、山水かなんかならオツなもんだ。この絵をごらん。恵比寿様と大黒様が相撲とってやがら。こんな徳利から酒が出ると思うと、飲んでたって情けねえや。この猪口がまた勘弁出来ねえ。言いたかねえけど、客が二人だぜ。猪口が一つずつ違うってえのはどういうわけのもんだい。それもいいや。こっちが伊万里でむこうに九谷なんざあオツなもんだよ。この猪口をごらん、丸に天の字が書いてある。してみると天ぷら屋からもらった猪口だ。天ぷら屋でもらった猪口を鰻屋で出して喜んでいたんじゃしょうがないでしょう」

この小言を逆に考えればいい。鰻屋の二階の徳利は無地で、猪口はお揃いがいいんだ。徳利と猪口の柄は落語家の工夫でいろんなのが出て来る。傑作は五代目古今亭志ん生の「狐が三匹じゃんけんぽん」、猪口は「日の丸と連隊旗のぶっちがいで祝出征」、それはねえだろう。

「新香を見ねえ。鰻屋の新香なんてえのは気取って食わせるもんだ。ワタだくさんの胡瓜、キリギリスだってこんなものは食いやしないよ。またこの奈良漬けをよくまあ薄く切ったねえ。切ろうったってこう薄く切れるもんじゃないよ。奈良漬け一人の力で立ってないよ。隣の大根に寄り掛かっているじゃないか。この紅生姜をごらん。君ね、これなんで紅《あか》くするか知ってるかい？　梅酢に漬けるんだよ。梅てえものは鰻の敵役《かたき》だよ。その敵役を食わして、私たちを殺す気か。赤だの白だの黄色だの紫だの、この新香の色取りは支那料理屋の看板だ」

鰻と梅干の食い合わせが悪いというのは、どうやら嘘らしい。昔から土用丑の日には、暑気払い、暑さ負けを防ぐために「う」のつくものを食べるといいと言われていた。鰻、梅干、瓜、うどんなど。で、それらを複合して食べるのはよくないんじゃなかろうかという話らしい。

そして、いよいよ、鰻だ。

「そんなことはどうでもいいんだ。おまえのところは鰻屋だ。鰻がうまければ許すよ。鰻はどうだい。ついでだから言うがね、さっきは客の前だ、お世辞に口に入れてトロッ、トロッとくるかい？　三年入れたって溶けやしない。よくこういう固い鰻がいたねえ。干物だね。どこで捕まえたの？　裏の溝にもいないよ」

やはり、鰻は脂が乗っていて、口のなかでトロッとくるのが好まれたようだ。裏の溝にはいないだろうが、用水堀なんかで鰻が採れたことがうかがわれる。

「汚ねえ家だ。この家の色をごらん。佃煮だ、まるで。床の間に蜘蛛の巣が張ってますよ。床の間の掛け物をごらんよ。応挙の虎？　偽物です？　当たり前でしょう。ホンモノなわけないでしょう。第一丑寅の者は鰻を食わねえってもんだよ。鰻屋が寅の掛け物掛けて喜んでちゃ困るよ」

　さて、幇間は鰻屋の店のことまで批判する。鰻屋の二階なんていうのは、それこそ、女の子を連れて来て、口説いたり、いちゃいちゃしたりするところだ。鰻は焼けるまでに時間が掛かるから。ちょうどいい。ずっといちゃいちゃしていたら、鰻屋も気を利かせて、鰻が焼けたって持って行きはしないんだ。

　そんなところが佃煮みたいな色して、汚かったら、困るでしょう。

「さっきまで子供が勉強していた」

「おしめが干してある」

　なんていう科白《せりふ》を入れる人もいる。

　鰻屋に生活臭なんてあってはいけないんだ。

「丑寅の者は鰻は食わない」というのは現代では言わないからわかり難い。丑寅の生まれの守り神が虚空蔵菩薩《こくうぞう》で、その使い姫が鰻だった。床の間の掛け軸もいろいろ落語家の遊びどころだ。

　このあと、主人公の幇間にはさらなる危難が待ち受ける。

　落語以外でも鰻を扱った面白いお話はある。

岡本文弥がこしらえたチャリもの（滑稽）の新内「鰻賛歌」。女房に逃げられた男が鰻を食べて頑張ったら逃げた女房が帰って来た。

鰻はいろんな功徳をもたらす。

ただ鰻の減少問題で、近い将来、鰻が食べられなくなるかもしれない。科学的なことはわからないが、鰻が高騰し、スーパーには安い中国産の鰻が大量に並んでいるのは、ちょっと陰謀めいたものも感じる。

いずれ鰻がなくなり、多くある鰻の落語が、かつて鰻という食べ物があったという古典になる日が来るかもしれないのは、怖い話だ。

四、「鰻屋」胡瓜のコウコ

鰻の話が出たので、鰻の付け合わせの話。

昔の鰻屋は、まず店に入ると、桶だか生簀《いけす》だかに、鰻が泳いでいた。

客は、そのなかから鰻を選び、

「親方、これを焼いてくれ」と注文する。

「鰻の幇間」でも、浴衣の男が「俺は鰻を見てくるから、お前は先に二階で待っていろ」と言う場面が出て来る。

そうやって選んだ鰻を、裂いて、焼いて、だから、時間が掛かる。

その間、二階の座敷に上がった客はどうするか。

前項でも書いたが、女の子を連れて上がって、口説いたり、いちゃいちゃしたりするには、それでも時間が足りないかもしれないが、そんな客ばかりではない。

男同士もいれば、一人で来る客もいる。

たいていは酒を飲んで繋ぐ。当然、肴は欲しいが、何を食べたらよいだろうか。「鰻の幇間」では、やたら色とりどりのお新香が出て来たが、それはよくない店。

あとから鰻を食べるのだから、あまりこってりしたものは食べたくない。やはり、お新香がいいのであるが、とりわけ好まれたのが胡瓜のコウコだ。

付け合わせとしても胡瓜がよい。こってりと脂の乗った鰻には、さっぱり系がいいのかもしれない。まともな鰻屋は、胡瓜のコウコが出た。

「鰻屋」

この鰻屋がまともな店かどうかは別の話。

もともとは「素人鰻」、または「士族の商法」という噺で、明治になり武士を辞めた旗本の殿様が、鰻屋をはじめて失敗するという ネタ。おかし味は、職人がいないので殿様が鰻を調理しようとするが、桶の鰻を摑むことすら出来ない。それで悪戦苦闘する様が描かれる。

「素人鰻」という噺は、今でも演じている落語家はいる一方、鰻を摑んだりする面白い部分だけをふくらませたのが「鰻屋」というタイトルで演じられている。

お話はまず、ちょっとボーッとした男に別の男が、

「飲ませてやる（酒を）」と声を掛ける。

落語の登場人物は江戸っ子の職人が多い。設定として「銭がない」場合があるが、ホントにないわけではない。稼いだ銭を使っちゃってないか、たまたま仕事巡りがよくなくてないかだ。職人だから、仕事をすれば銭は入る。

「鰻屋」の主人公の一人、ちょっとボーッとした男は、かなり長い間、仕事巡りがよくなかったのだろう。酒を飲みたくても銭がない。こいつをからかってやろうという男に騙されたんで、「飲ませてやる」という言葉は信用しない、と言う。

弱い者いじめをして喜ぶ奴がいる反面、たまたま仕事巡りのよくない男には手を差し伸べてくれる者もいる。

もう一人の主人公は、巡り合わせの悪い男に酒を飲ませて景気づけてやろうという気持ちから声を掛けている。

男は数日前に、町内に新しく出来た鰻屋へ入った。これも江戸っ子の心情。新しく出来た店には一度は必ず行く。で、うまければ贔屓にする。

鰻と酒を注文して二階へ。酒と胡瓜のコウコは出て来る。

だがいつまで待っても鰻が出て来ない。

「おい、いつまで待たせる気だ。江戸っ子は気が短いんだ」

「ただ今、鰻裂きの職人が留守にしていまして、鰻が出せません。酒と胡瓜の勘定は結構ですから、お引取りください」

といわれたのだと言う。

「胡瓜のコウコとはいえ、ただ酒を飲ませてもらって悪いから、今日はその埋め合わせだ。お前と行って、鰻で飲んで、この間のぶんも払って来ようって、こういうわけだ」

江戸っ子だねえ。こういう考え方もある。

この落語、別のやり方もあって、

「今、前を通ったら、また鰻裂きの職人が留守らしいんで、お前と一緒に行って、また胡瓜のコウコでただ酒を飲んで来ようと思う」

セコい。けれども、こっちのほうが、いくらか余分にお客さんの笑いを得られる。こういう、隙あらばただ酒を飲もうという了見は、誰もが持ち合わせているのだろう。共感の笑いを生む。

案の定、二人が鰻屋へ行くと、鰻裂きの職人が留守だった。

鰻屋なのに胡瓜のコウコしか出せないんじゃ、鰻屋の恥だってんで、主人が鰻と格闘することになる。

さて、日本人が漬物を食するようになったのはいつ頃からだろうか。

塩をふって、保存食料とする工夫はかなり昔からあったのだろう。縄文時代から食されていたと言われている。

醤油や味噌が大陸から来て漬物も多様化、平安時代には、おかずとして食卓に上がっていた。

いわゆるお新香、香の物は茶の湯の登場で、多く用いられるようになったと言われている。江戸時代は保存だけでなく、おいしく食べる漬物が工夫され、一夜漬けが登場し、各家庭では糠《ぬか》漬《づ》けが重宝されるようになった。

胡瓜は四千年前のメソポタミアで栽培され、中国を経て、日本に来たのは平安時代。はじめは瓜と同じように果物として食されていた。みずみずしいから、果物として、喉がかわいた時などにも重宝されたと思うが、実際は違うようだ。当時は完熟した胡瓜を食べていたため苦く、人気はなかった。貝原益軒は「毒」だと言っている。よほど苦くてまずかったのだろう。

幕末に品種改良されて、今日のみずみずしい胡瓜が栽培され、漬物などにも用いられ、人気となった。

五、「かんしゃく」アイスクリーム

落語は江戸の噺ばかりではない。

明治から昭和の、それこそ三十年代までは、八つぁん、熊さんの住んでいる長屋もあった。庶民の職業が、サラリーマンよりも、大工などの職人や、棒手ふりの小商人で、そんな人たちが生活していた落語の世界が、街に普通に存在していた。

だから江戸の雰囲気を残して、明治や大正、昭和が舞台の落語も多くある。

武士が出て来る、駕籠が出て来る、お金の単位が一両二両とか、あきらかに江戸の噺もあったり、銀行員とか警察官が出て来る、人力車や電車、自動車が出て来る、お金の単位が一円二円という明治以降が舞台の噺もある。そこらへんが曖昧な噺が圧倒的に多い。

あきらかに明治以降が舞台の落語には、西洋的なもの、近代的なものが出て来て、その違和感が笑いに繋がるものもある。

食べ物で言えば、カレーとか。「かぼちゃ屋」で叔父が与太郎に、

「(女房子供を) どうやって食べさせるんだ」

「箸と茶碗で食べさせる」

「箸と茶碗だけで飯は食べさせられないんだぞ」

「うん。ライスカレーは匙で食う」

これなんかは江戸風の棒手ふり商人の噺のなかに、いきなり「ライスカレー」というワードが出て来るおかし味だろう。

ちなみにライスカレーは、イギリス式のものが海軍で食され、兵役が終わって故郷に帰った者たちによって広まり、日本風のカレーが工夫された。

ライスカレーに限らず、洋食というのは、日本人独特の食文化でもある。西洋料理を参考にして作られた日本料理が洋食だ。ハンバーグをフライにしてメンチカツ、これが日本人の食文化だ。

アイスクリームなんていうのも江戸時代はなかった。

日本ではじめてアイスクリームが食されたのは明治二年、横浜。値段は二分（約五万円）だったというから、とてつもなく高価。最初の頃は外国人しか食べず、ほとんどの日本人は素通りであったという。

冷蔵庫のない時代にどうやってアイスクリームが作れたのか。作れたんだよね。塩で、かきまわして作るんだ。

資生堂が、レモン風味で卵をもちいたフランス風のアイスクリームを売り出し、銀座の名物になるのが明治三十三年、その頃でもまだまだ高級品。ちなみに資生堂のアイスクリームは二十五銭だった。

大正時代にはカフェで、モガ、モボにアイスクリームは愛された。昭和になり工場で大量生産されるようになり、大衆化されてゆく。

手でハンドルをぐるぐるまわしながら、「冷たいの、召してらっせぃ」と浅草の境内などで売られた「アイスクリン」が一杯五銭だから、その頃は、かなり庶民の食べ物になっていた。

「かんしゃく」

アイスクリームの出て来る落語に「かんしゃく」がある。

舞台は明治。作者もわかっている。

益田太郎冠者。三井財閥の創始者、益田孝の長男。明治八年生まれ。太郎冠者はペンネームで本名は益田太郎。夏目漱石よりも一足早くヨーロッパに留学したものの、勉強そっちのけでパリのムーランルージュなどで遊びまわる、日本初の国際的寄席通として知られる。ヨーロッパの喜劇や寄席芸、ショービジネスを覚えて帰国。銀行員を経て、会社の重役を務めながらも、ヨーロッパの演劇に精通しているところを買われて、本格的な西洋式劇場の第一号、帝国劇場の設立に参加し、芸術監督となる。

文化事業に財産を費やし、道楽の限りを尽くし、自身で芝居を書き演出をし、女優と浮名を流し、落語も書いた。それで七十七歳まで生きたというから、そういう人生もあるのだ。お大尽の道楽でなく、喜劇作家と実業家の二つの顔を持つ男、だったらしい。

他に、「宗論」「かんにん袋」などの落語を作った。喜劇の代表作には「女天下」というのがあって、これは落語に脚色された。男尊女卑の時代の女性上位ネタ、いわゆる逆転の笑いで、六代目蝶花楼馬楽が演じたのを聞いたことがある。

喜劇では他に「啞旅行」、英語が出来ない日本人がヨーロッパ旅行に行く話で、小山内薫に酷評されている。西洋演劇を日本に根付かせた小山内と、西洋演芸に浸り、喜劇に道を示した太郎冠者の、演劇に対する考え方の対比も面白い。

あとは、「コロッケの唄」の作詞が太郎冠者である。「わははは、わははは、こりゃおかしい」って歌。

さて、「かんしゃく」だ。明治時代の、ある上流階級の家庭。

旦那様は、自家用の自動車でお帰りになる。

「凸山、なんだ、箒を立て掛けて。なんだ、汚い下駄を履き散らかして。帽子掛けが曲がっておる。何故庭に水を撒かん。天井を見なさい。蜘蛛が巣を作っておる。掃除をしろ、掃除を！」

旦那様は神経質な性格で気に入らないことがあると怒鳴ってばかり。というか家人や使用人のミスをわざと探して怒鳴っている。とうとう奥様は耐えられず実家に帰ってしまう。実家の父親は言う。

「いいかい、煙くともやがて寝やすき蚊やりかな。人というのは辛い苦しいという峠を乗り越えないと、人というものにはなり損なうよ。お前さんのところは何人の人を使っていなさる。それだけ人がいて、お前さんの家が片付かないわけがない。お前さんが働かなくてもいいんだ。朝早く起きて、よく心を練って練って練りぬいて、おちついて手順を考えるんだ。順序よく無駄のないように働いてもらいなさい。すっかり片付いたところに旦那様がお帰りになってお小言がないわけがありません。そうだろう。そうでしょう」

父親の教えを聞いて、奥様は完璧主婦となる。

「うむ、今帰った。おい、凸山、箒が……、片付いたな。おい、下駄……、下駄も片付いた。帽子掛けもまっすぐだ。おい、庭に水を……、撒いたな。撒いた。蜘蛛の巣もない。布団布団！　敷いてます？　あー、敷いておる。今日は涼しいなぁ。煽がんでもいいぞ。何？　扇風機が掛かっている？」

扇風機まで出て来る。

そして、アイスクリームも登場する。

買ってきたアイスクリームを冷蔵庫に入れておいたのだろう。

「おう、アイスクリームか。うんうん。アイスクリーム。わしは大好物だ」

旦那様、アイスクリームが好物なんだ。たぶん、太郎冠者はムーランルージュでアイスクリームを食べながら、ショーを楽しんでいたんだろう。

家で怒鳴ってばかりいた旦那様のモデルは益田孝と言われているが、太郎冠者自身の話も随所に盛り込まれているのだろう。

第五章　秋

——実りの秋とは言ったものだが……

一、「目黒の秋刀魚」秋刀魚

江戸時代の人はどうやって魚を食べていたか。

実はほとんどが煮魚で、焼き魚は料理屋などでしか食べられなかった。

何故か。家庭では魚を焼く方法がなかった。

ガスコンロとかオーブンなんてない。

あるのは、米を炊くへっつい（竈）だけ。へっついの釜をどかして鍋を載せれば、味噌汁は温められたし、魚や野菜を煮ることは出来た。

魚を食べることは、ある程度裕福な家に限られていたが、庶民もたまには食べた。そんな時は煮魚が多かった。

江戸時代後期、庶民の食生活を大きく変えた画期的な道具が開発された。

七輪である。

そもそも江戸っ子はあまりおかずを食べなかった。お米のご飯を食べるのがステータスで、ご飯さえ食べられればいい。おかずは、味噌汁は用意するが、沢庵か梅干で十分だった。「一汁一菜」でよかったのだ。なまじ、おかずをたくさん食べる人は「おかずっ食い」

と呼ばれて、あまり褒められたことではなかった。江戸っ子は白いご飯が食べられることに幸福を感じていた。それ以上を望むのは贅沢者というか、江戸っ子にあるまじき、みたいなところもあった。ようは、日本中が貧乏だったから。お米のご飯が食べられる以上の何を望むのか、というのがあったのだろう。

それが江戸時代も後期になると、世の中が豊かになってくる。武士や豪商じゃなくても、職人などの庶民にも金がまわると、美食という文化が起こってくる。最初は、料理屋なんかに出掛けて食べていたが、そういう味を家庭でもという思いは誰にでもあろう。

そんな時に七輪が登場した。手軽に魚や野菜を焼くことが出来る。

しかも七輪は持ち運びが出来る。長屋の路地で、焼けばいい。狭い長屋でも、単身でも、おかずの調理が可能になったのだ。

旬の魚と言えば、秋は秋刀魚だ。

これは焼き魚で食べる。大根と醤油で、焼きたての脂の乗った秋刀魚がうまい。まさに七輪料理の代表とも言えよう。

「目黒の秋刀魚」

これもおなじみの落語の一つ。

さる藩のお殿様、参勤交代で江戸屋敷にいる時に、武術鍛錬、目黒あたりまで遠乗りに出掛ける。目黒は、昔は風光明媚なところで、今も目黒川が流れる、花見で有名な中目黒のあたりが谷になっていて、谷のむこう側が目黒不動。今の目黒駅のあたりは、人なんかほとんど住んでいなかった。

昼になり空腹を訴える殿様、供は生憎と弁当の用意をしていなかった。そこへ近所の民家で焼いている秋刀魚の匂いが。

「なんの匂いじゃ」

「下々の食す秋刀魚と申す下魚《げうお》にございます」

「苦しゅうない、余は食す。求めて参れ」

殿様の前に差し出すは、

欠けた皿に、大根おろし、安い醤油をチューッと掛けた焼きたての秋刀魚が五、六本。お殿様はこれを見て驚いた。魚なんていうものは、すべからく赤いものだと思っていた。そこへ真っ黒な棒みたいのが出てきた。焼きたてだから、まだプチュプチュ言っている。脂がたぎっている。横っぱらに、消し炭がついている。ぼうぼう燃えている。

「これは食して大事ないか」

「天下の美味にございます」

「左様か。うーん！　美味である！」

　そら、美味だ。

　青天井の下で食べる焼きたての秋刀魚。まずいわけがない。

「かわりをもて」

　あらかたの秋刀魚を食べちゃった。

「美味であった。そのほうたちには骨をつかわす」

　そんなものつかわされたくはない。

　ちなみに、殿様は普段、何を食べていたか。

　庶民は一汁一菜だが、三汁五菜、五汁七菜と、ご馳走が山のように出る。魚もランクがあって、鯛や平目は上魚《じょううお》で食すことが出来る。塩焼きか、煮付けで出て来る。煮付けなんかは、骨もとってあって食べやすい。秋刀魚は家来の言うように下魚、ランクが下だから殿様は召し上がれない。

　さらには、毒殺されるかもしれないから、家来が毒見をする。何人も家来が毒見をするから、塩焼きも煮付けも、熱いものなんか食べられない。可哀想っちゃ可哀想。

　殿様、あんまり秋刀魚がうまかったものだから、

「このようなうまいものがあるとは、余は知らなんだ。屋敷に戻りしのちは三度三度秋刀

魚を食すぞ」

これには家来が驚いた。下魚を殿様に食べさせたことがわかったら、上役に怒られる。

「ご口外を遊ばされませぬよう、お願い申し上げます」

「左様か。ならば口外いたさぬ」

殿様もそこらへんの道理はわかっている。

しかし、屋敷に帰ってからも、秋刀魚の味が忘れられなかった。

「秋刀魚はうまかった」

食べられないとなると、余計うまかった。尖ったものは秋刀魚に見える。夜寝ると秋刀魚の夢を見る。

「また目黒に参りたいの」

「目黒は風光明媚にございます」

「風光明媚など、どうでもよい。あのおり食した、黒き、長やかなる……」

「殿、何卒、ご内聞に」

「わかっておる。余は秋刀魚のことは言わん」

家来は生きた心地がしない。

しばらくして、秋刀魚を食す機会に恵まれた。他家に呼ばれたおり、好きなものをご馳走してくれると言われたのだ。

「余は秋刀魚が所望じゃ。黒き長やかなる魚である」

言われた台所役人が驚いた。台所役人だって、秋刀魚なんか料理をしたことはない。もちろん、自分の家では焼いて食べているが、果たして脂の乗った焼き魚なんかを出してよいものだろうか。

魚河岸に馬を飛ばして極上の秋刀魚を仕入れる。

このまま焼いて出すわけにはゆかない。蒸しに掛けて脂を取る。小骨を毛抜きで取る。これをお椀にして出した。

「秋刀魚か?」

「左様でございます」

蓋を取ると、かすかに秋刀魚の香りがする。

「おう、そちゃ堅固で何より」

こんな秋刀魚がうまいわけない。

この落語は、殿様の世間知らずと勘違いが笑いどころだが、むしろ家来たちの忖度《そんたく》も笑いどころと言えよう。

旬のものは、そのままの形で食べるに越したことはない。

二、「徳ちゃん」芋

江戸っ子はお米のご飯を食べることがステータスだとは何度も書いた。しかし、江戸時代は飢饉も起こった。そうなると、たとえ江戸っ子と言えど、米なんか食べられない。麦、稗、粟などの代用食を食べねばならなくなる。

代用食には、芋も食された。

ここでいう芋とは「薩摩芋」のことだ。

芋はいつ頃から登場したのか。

享保二十年（一七三五）、青木昆陽が八代将軍徳川吉宗に、薩摩芋の栽培を上申、小石川養生所にて研究を重ね、全国に普及させた。これにより多くの人々が飢饉による飢えから救われた。

代用食として重宝された薩摩芋だが、米が常食の江戸では、女性や子供たちのおやつとしても親しまれた。

芋を米の代用食として用いるのは、「パンがなければケーキを食べればいい」に近い。違うか。とにかく、おやつを食事にするのは、決して好ましいことではなかった。

「宮戸川」の叔父さんはこんなことを言っている。

「俺が若い頃は外で一声上げると女がワーッと集まってきたものだ。焼き芋屋やってたけどな」

「真田小僧」の金坊は、

「お父つぁん、真田の六連銭ってなんですか」

「銭が六つ並んでいる紋だ」

「銭が六つ？　どんな風に並んでいるんですか」

「偉そうに言っても子供だな。知らないんだ。教えてやるから見ていろ。こう並べるんだ」

「おもしろい形に並べるんだね。おいらにもやらしてくれよ」

「あー、いいとも。って並べるって、おい、銭摑んで駆け出したよ。お前、その銭で、また講釈を聞くのか」

「焼き芋買って食うんだよ」

子供は講釈なんか聞きはしない。講釈は大人の受け売り。食いたいのは焼き芋だ。

芋は女子供が好んで食べるものなのだ。いい大人の江戸っ子は恥を忍んで食べる。今日、ケーキ屋や甘味屋に男性が入り難いのと似ているかもしれない。

なかには、芋を「ドジ棒」などと呼ぶ江戸っ子もいた。芋は短い棒にも見える。ドジな奴が棒をかじっているように見えたのだろう。

「徳ちゃん」

「徳ちゃん」は女郎買いの落語である。

五代目古今亭志ん生が演じていた。おそらく、志ん生のちょっと先輩くらいか仲間が女郎買いに行き、そこで起こった面白い話をまとめただけの噺。タイトルの「徳ちゃん」は、一緒に女郎買いに行く友達を「徳ちゃん」と呼んでいるところからついた。おそらく、当時は「徳ちゃん」で誰かが特定できて面白かったのかもしれない。

柳家さん喬《きょう》や桃月庵白酒《はくしゅ》が演じている。

明治、大正の頃の遊女屋と、江戸の遊女屋ではいろいろシステムが違う。だが、やることは同じだ。若い衆は言う。「ご愉快を願いたい」。そして、そこに愉快なことが、普通は待っている。落語だ。愉快な結果にならないから、他人の不幸は面白い。それを落語家は自虐的に語る。

「とびきり上等の女の子をまわします。お楽しみにお待ちください」

若い衆の威勢のいい声と同時に入ってまいりますのは、これが花魁、花魁というのは名ばかり。何人も廻しをとっているから、髪の毛なんかはざんばら髪、それじゃいけないってんで、簪《かんざし》の代わりに割り箸を横一本通して、あまった髪の毛、巻きつけて。友禅の長襦《ながじゅ》袢《ばん》とおぼしきものを着ておりますが、何年も着ておりますんで、醬油で煮しめたようになった色をしている。伊達締めを胸高に締めておりますが、この伊達締めも何年も締めておりますから、いわいてあるところはバラバラで、柄《え》をつければハタキになる。足元を見ると二十文はあろうという大きな足で、色が真っ黒、六尺はあろうという大女……。

スゴイものがいるねえ。落語の誇張だ。

この女が、芋をかじりながら出てくる。

やっと芋が出て来た。

スゴイ女を決定するキーワードに「芋」が出て来る。

ちなみに落語の芋の仕草がある。

手ぬぐいを小さくまとめて手で握り締め、さきっぽをちょっと見せて、むしゃむしゃ食べる真似をする。たぶん、芋を食べる仕草が出て来るのは、この落語だけだと思う。

ものを食べる女の仕草は案外、可愛い。しかも、女が好きな芋だ。それなりに可愛くも演じられるが、ここはスゴイ女の象徴としての「芋」だ。

「君、花魁？　こっちむいてるの顔？　スゴイの寄越しやがったね。若い衆に言ってくれ。

俺はここに女遊びに来たんだ。度胸試しに来たんじゃねえや」

「こんばんは、あはははは。おら、今、芋を食ってたら、若い衆が噺家来たよって。うふふふ。あんた、噺家？　噺家って何？」

あー、合コンなんかにもいるかもしれない。

「あなた、仕事何？　へー、スゴイ、それってどんな仕事？」

なんか食べながら、どうでもいい話をする女。

不細工な女が、芋をかじりながら出て来る仕草で笑わせるのがこの落語。女性が芋をかじるという表現のいじきたなさが、どこか間抜けでおかしい。


芋をそんなに悪く言うことはない。

「栗よりうまい十三里」という言葉がある。

九里と四里で十三里。板橋から川越街道を約九里行くと川越。江戸から板橋が四里弱。江戸から約十三里の川越名物の芋で、だから、川越の芋は「十三里」と呼ばれた。川越の芋は栗より甘くてうまい。

「大工調べ」では、良心的な芋屋の六兵衛さんは川越の芋を使っていた。うまいものを売ることが良心的な江戸の商人の使命でもあった。

三、「いが栗」栗

「栗よりうまい十三里」で、芋のほうがうまいと言われたが、栗は秋のご馳走の代表だ。

栗は縄文時代から栽培されていたらしい。平安時代の頃までは、穀物として貴重で、山城、近江、丹波などの栗林は特別に課税されていた。天皇や貴族たちが栗を好んで食べていたようだ。中世以降にはおやつとして食された。江戸時代には、甘栗や栗きんとんが、一般にも出まわった。

昔から食されていた栗が、江戸時代後期に登場した芋に抜かれたのが「栗よりうまい十三里」。当時の栗はそんなに甘いものではなかった。今もそうで、和栗は甘さというよりは、深みのあるうま味が魅力であろう。甘さにおいては、芋に軍配が上がっただけかもしれない。いや、芋のうまさを、普通にうまくて人気の栗と比較して強調したコピーが「栗よりうまい十三里」となったのだろう。

また、栗のほうが値段も高い。むしろ、芋は安くてうまいおやつとして、庶民に親しまれたのかもしれない。

栗は高級食材だ。

栗饅頭は、栗の形に焼いた饅頭だが、高級なものは、皮や餡に栗が練りこまれたりしていた。栗の形なだけで普通の餡のものも庶民的な菓子屋では売られていた。

今日は甘栗など、季節を問わず食されているが、やはり、秋の食べ物ということで貴重だったのかもしれない。

よく駅前なんかで売られている「天津甘栗」は、明治四十三年に浅草で売られたのが最初だそうだ。この栗は中国産のものが使われていたが、この中国栗は天津の名産ではない。天津の港から運ばれて来たから、「天津甘栗」と呼ばれた。日本の栗とはちょっと違い、皮が剝きやすく、食べやすいのが特徴である。

そう。和栗はね、皮がなかなか剝けない。ぜんざいや茶碗蒸しに入っている栗は綺麗に剝いてあるから食べやすい。料理になっている栗は手間も掛かっている。だから、値段が高いんだ。

皮に渋皮、その前はイガまである。イガは収穫時に取る。あれを取るのも大変だろう。

「いが栗」

栗の出て来る落語は、料理として脇役に出て来るものはないわけではないが、出たり出なかったりみたいなところがある。

栗とは直接は関係ないが、今は演じる人も少ない「いが栗」という題の落語がある。栗にはイガがある。収穫時に取るのも大変だが、あのイガがあるから、鳥なんかに食べられずに済んでいる。

あのイガにも使い道がある、というマクラがふられる。昔は天井裏に置いた。鼠除けに用いたらしい。殺鼠剤のない時代の生活の知恵かもしれない。

旅人が山のなかで道に迷い、一軒のあばら家に宿を頼む。あばら家には老婆と娘が住んでいたが、娘は病で寝ていた。娘の病は原因不明のもので、医者も匙を投げた。村にいて病が移ると困る、と村人に言われ、老婆は娘を連れて村を出て、山奥のあばら家に暮らしているのだという。

その夜、娘のもとに一人男が訪ねて来る。

旅人が筵《むしろ》の隙間からのぞいてみると、娘の枕元に、歳の頃は三十五、六、目つきの鋭い、鼻と口の大きい、顔じゅう髭だらけ。着ているものはと言いますと、元の色もわからなくなりました袈裟衣、頭はいが栗頭の坊さん。

この坊さんが片手で娘の顔を撫でるでもなく、さするでもなく、口のなかで呪文を唱えている。

「あの坊さん、どっかで見たことのある坊さんだ」

いが栗頭とは、男性が髪を短く刈った頭のことだが、短く切って、しばらく時間が経てば髪の毛は伸びてくる。均等には伸びずに、長かったり短かったりする。その様子が、栗のイガみたいな頭をいう。

旅人は、このいが栗坊主を山のなかの辻堂で見ていた。翌朝、辻堂へ行くと、昨日の坊さんが目を半眼に閉じて呪文を唱えている。

「おう、坊さん、酷いお人だなぁ。江戸を離れて幾十里、この山中に踏み迷い、助けられたるあばら家で、娘の奇病を耳にした、夜の夜中の八つ過ぎに、病んでる娘の枕元、お前の姿を確かに見た。人を助けるが出家の道、そのお前さんが、ど、どんな理由かは知らないが、あんまり惨《むご》い仕打ちじゃねえか。おう、坊さん、可哀想にあの娘、今朝方、息を引き取ったぜ」

「娘は死にましたか」

はじめて口を利いた。

「死んだ。殺したのはお前だ」

「娘は死にましたか」

そう言うと、この坊さんの体が崩れ、骸骨《がいこつ》になった。

旅人は「娘が死んだ」と嘘を言い、いが栗坊主の呪いを絶った。

崩れて骸骨になったというのだから、変化の一種であったのだろう。娘になんの恨みがあったのかは語られない。

娘の病は癒え、老婆と娘は村に戻った。いが栗坊主の呪いは村にも掛けられていて、その呪いも解けた。旅人は歓待され、娘を妻《めと》に娶ることになる。めでたしめでたし。

栗は？

初夜の晩に、いが栗の逆襲がある。

昔話風の落語はいろいろある。

江戸は都会だが、一歩旅に出て、街道をはずれて山中を行けば、熊、狼、猪、大蛇なんかも出た。河童や狸だっていたかもしれない。江戸を離れれば、昔話の世界があった。山中で、自然の栗林があるような村で起こった話も、十分にリアルな話として江戸っ子には受け入れられたのだろう。

四、「鹿政談」 卯の花

秋と言えば紅葉、紅葉と言えば鹿。鹿と言えば、奈良。奈良の豆腐屋さんが主人公のお話。

卯の花とは、おからのこと。

落語「鹿政談」では「きらず」ともいう、というのが落ちに繋がる。豆腐は冷奴でも味噌汁の具でも、包丁で切って食べる。おからは包丁がいらないから「きらず」。ちなみに、漢字で書くと「雪花菜」。これは綺麗だね。「きらず」とは読めないけれど。ルビをふればいい。おからのキラキラネーム。

おからってなんだ？　豆腐を製造する過程で出る、絞りカス。現代では産業廃棄物なの？　昔の人は食べたんだ。今でも食べる。

豆腐屋で売っているのは安い。

落語「味噌蔵」はケチで有名な味噌屋が舞台。番頭と丁稚のやりとりが凄い。

「お前、角の豆腐屋知っているだろう」

「豆腐屋？　知りません」

「知らないわけないだろう。いつも使いに行く角の店だ」

「から屋さんですか」

「から屋？」

「おからしか買いませんから。豆腐屋さんって言うんですか？」

安価というのが、おからのイメージだ。

講談「徂徠豆腐」では、若き日の荻生徂徠が困窮し、明日食べるものもない。親切な豆腐屋が、おからを持ってきて支援した。

おからそのものは安価だが、食べようと思うと手間が掛かる。油揚げ、にんじん、牛蒡なんかを入れて、出汁と醤油で炊く。おいしく作るのは難しい。デパートのお惣菜売り場でも売っているが、案外高い。高いだけあってうまいのだが、おからは安い、という概念があるから、なかなか手が出ない。そこそこの値段で、うまい和食、と思って食べれば問題はないのだ。

つまり、豆腐屋で売っている豆腐のカスを、ただ炊いただけだと、おから。油揚げや野菜を混ぜて料理になると、卯の花、雪花菜となる。

私たちの記憶で心に残っているのは、昭和四十四年から四十五年にやっていたテレビ時代劇「素浪人花山大吉」だ。近衛十四郎演じる花山大吉が、おからが大好物で、おからを見ると目の色が変わる。居酒屋で酒の肴におからがないと不機嫌になる。時には、「おから〜！」と叫んで手摑みで食らう。昔の時代劇主人公はキャラクターが際立っている。

「鹿政談」

世の中には名物というものがある。

奈良の名物に、「大仏に、鹿の巻筆、奈良晒、春日灯籠、町の早起き」。「町の早起き」がなんで名物かというと、奈良には鹿がたくさんいる。鹿は春日大社の使い姫で大切にされていた。

鹿が家の前で死んでいたら、その家の責任で鹿を丁寧に弔わねばならなかった。そら、お使い姫だから。丁寧に弔うのはやぶさかではないのだが、弔うにはお金が掛かる。半日時間も潰す。だから早く起きて、万が一、家の前で鹿が死んでいたら、まだ起きていない戸の閉まっている他所の家の前に死骸を運んだ。鹿の死骸なんか家の前に置かれちゃたまらないから、皆が早起きになった。

奈良三条横町に豆腐屋で与兵衛という者が住んでおりました。与兵衛は親孝行で人当たりがよくて正直者。嘘なんかついたことがない。与兵衛は正直者で働き者で、おまけに慈悲深い。困っている人を見ると黙っていられない。商売ものの卯の花なんかをわけてあげたり、また自分の羽織なんかを質に入れてでも施しをしようという、しかも働き者ですから、朝の暗いうちから起きまして、店の前の石臼で豆を挽いております。

こういう善良を絵に描いたような人に不幸は訪れる。

まだあたりはうす暗いなか、目を凝らして見てみますと、おからの入った桶が倒れておりまして、そこに大きな犬が首をつっこんで、ムシャムシャムシャムシャ、おからを食べておりますから、

「駄目だ、それはお前の食い物じゃないよ。しっしっ」

桶に山のように取れる。全部売れやしないが、犬に食わすわけにはゆかない。

与兵衛は犬を脅かそうと、割り木を投げたら手元が狂って犬に当たり、犬は死んだ。碌なことにならない。

可哀想なのは犬だ。与兵衛も可哀想なことをしたと思ったが、もっと可哀想なのは与兵衛だった。犬だと思ったのは、なんと鹿だった。

江戸時代、奈良の街で鹿を殺すと重罪、場合によっては死罪になった。

与兵衛もまわりの家はまだ寝ているから、他所の家の前に死骸を運んで知らん顔をしていれば済んだ。町内の人だって、わざわざ罪人は作りたくないから、自然死として届けて、

死骸を弔って終わるはずだった。

起き出した近所の人だって様子を見て、

「この鹿はね、自分で桶に頭ぶつけて勝手に死んだんですよ。そういうことにしましょう」

そのうちに塚原出雲という鹿の守役がやって来た。こやつが高圧的なもんだから、近所の者は黙ってしまう。

「豆腐屋、貴様は早起きだ。見ていたであろう。見ていたことを正直に申せ。いや、お前がこの鹿を殴り殺したのであろう！」

と言われて、もともと正直者の与兵衛、近所の人がかばってくれるのはありがたいが、ここは自訴するつもりでおりましたから、

「申し訳ございません。犬がおからを食べているものと思い。殺すつもりはありません。脅かすつもりで薪を投げたのでございます」

「お前が薪を投げて鹿を殺したのだな」

「鹿だとは思いませんでした。犬だと思ったのでございます」

「過ちと言えども、鹿を殺した者は死罪が掟だ。者ども、豆腐屋に縄打て」

「鹿殺しは死罪」と書いてある。江戸のはじめ頃は、死罪になった人もいたんですが、そ

れはあまりにも可哀想。人の命と鹿の命を一緒には出来ない。

たいていは役人が目こぼしをしていた。目こぼしをして相応の袖の下を取る。それでなんとかなった。手下の役人は、鹿が勝手に死んだことにして、うやむやに終わらせれば、あとで豆腐屋が袖の下を持ってくるだろうから、それで一杯やろうくらいに思っていた。ところが上司の出雲がやたらとはりきって、縄打てと来たから驚いた。

何故、出雲はわざわざ罪人を作りたかったのか。

鹿の守役というのは、身分は同心で軽輩だが、鹿は春日大社の眷属、そのお世話をするというので権威があった。しかも、鹿の餌料《じりょう》が三千石。この管理をするのも仕事で、何も鹿にそんなに食べさせなくてもいいよ、ってんで、いくらか懐に入れていた。ところが、上役たちが「鹿の餌料三千石は多い、千石もあればよかろう」なんて言い出したから、これはここらで守役の権威を取り戻さなければいけない。鹿殺しを二、三人しょっぴいて死罪にしよう、そう思っていた時に、与兵衛が鹿を殺してくれた。

役人の都合で庶民はふりまわされるんだ。

お話は時の奈良町奉行、根岸肥前守が、殺したのは犬ということにして与兵衛を無罪とする。

なかなか納得しない出雲、「もういいじゃないか、勘弁してやれよ、勘弁してやれ。勘弁しろよ」。肥前守が目で知らせても、出雲もここが正念場と思うから、肥前守のほうを見ないようにして、そっくり返っている。しょうがねえなぁ。

「のう、出雲、鹿には上より餌料三千石がくだしおかれておる。鹿の腹が満ちておれば、町屋のおからを食らうこともなかろう。おからを食らうとは、鹿の腹が満ちておらぬ証し。はて、餌料の三千石が鹿にいき渡っておらぬとしたら、それはどこにいったのやら。これは噂に過ぎぬが、役人のなかにその餌料を……」

餌がいき渡っていても、鹿だよ。目の前におからがあれば食う。

でもこう言われたら、出雲は何も言えなくなった。永年そういう役目だった。そこそこの横領だったら目を瞑《つむ》るのも名奉行。

大岡越前守もそうだが、名奉行と呼ばれる人にコンプライアンス（法令遵守）なんて関係ない。誰も不幸にならないためにはどうしたらいいかを、まず考える。過失で鹿を殺した豆腐屋を死罪にしたところで、誰も幸福にはならない。鹿は死に損。そうね、鹿は可哀想だわね。でもたぶん、与兵衛は鹿の供養の塔でも建てて、毎日、おからを供えてくれたと思う。それでいいじゃないか。

ちなみに根岸肥前守は実在の人物。一七三七～一八一五。下級旗本の家に生まれ、根岸家に養子に行き、官吏として登用され、着実に出世をする。八七年勘定奉行、九八年江戸南町奉行となった。「耳嚢《みみぶくろ》」という、市井を綴った随筆を残している。怪談話もあって、現代では「耳嚢」を原作にしたホラーも作られたりしている。

おからが出て来る政談ものだが、他にも「千早ふる」「甲府い」など、豆腐屋と卯の花が出て来る落語はいろいろある。それだけ、庶民生活に密着したおかずでもあったということだろう。

五、「艶笑小噺」「風流志道軒」松茸

今も昔も、秋の代表的なご馳走と言えば、松茸だろう。

香りが違う。味も、独特の食感があるが、値段が高いと思って食べるから、うまい、というところはある。

どうやって食べる。そのまま焼いて食べる、土瓶蒸し、というのもある。我々庶民は、松茸ご飯なんていうのを食べる。

まぁ、なんにしても、そんなには食べない。

希少だから値段も高いんだ。

落語にも松茸の出て来る噺があるのだろうか。

ないことはない。

なんだよ、はっきり言えよ。

うーん。

松茸ってなんかの形に似てるでしょう……。


「艶笑小噺」


ある男が道を歩いていたら、自慰行為をしたくなった。

長屋の共同便所に飛び込んで、かねてから想いを寄せていた八百屋の娘のことを考えながら自慰行為をしている。そのうちに感極まって、八百屋の娘の名前を連呼し出した。

そこにたまたま八百屋の娘が通り掛かった。娘は自分の名前が呼ばれたものだから、共同便所の扉を開けたら、男が自慰行為の最中。

男はあわてて、

「このくらいの大きさの松茸はありますか」

類似噺に、八百屋の娘でなく乾物屋の娘というのがあって、

「このくらいの大きさの鰹節はありますか」

「かきかけはありません」

なんだかよくわからない。

娘が切り返す後半のほうが面白いが、鰹節よりは松茸のほうがリアリティはある。

そんな食べ物でおかしなものを想像させるのはおよしなさい、と言われるかもしれないが、落語にはそんな噺は多い。だいたい古典なんて、「古事記」だろうが「源氏物語」だろうが、西鶴、京伝、一九……、エロ話が多い。

直接表現で、チ○コとか男根とか言い難いから、そこを、松茸、と言い換えて、それをおもしろおかしくネタにしているのが落語なのである。決して、食べ物を粗末にしているわけではない。ただ、粗末な男根は笑いものにする。そして、立派な男根には敬意を払う。落語「蛙茶番」がそうである。ここでは男根を大蛇と表現したりもする。

「風流志道軒」

落語ではない。講談、なんだが、現代の講談ではない。江戸時代の、まだ講談という芸能が確立する以前のお話である。

時は宝暦（一七五一～六四）の頃、深井志道軒が浅草に簡易な小屋を建てて、自身の若き日の冒険譚を語り、人気を博していた。志道軒は松茸の形をした木の棒で拍子をとりなから語る。平賀源内や太田南畝らが志道軒の評判を書き残している。そして、志道軒の冒険譚の作者が、風来山人、すなわち平賀源内なのである。

で、この松茸の形をした棒は一体なんぞや。それが語られているのが「風流志道軒」の物語なのである。

普通、講談と言えば、「赤穂義士伝」とか、「太閤記」「真田三代記」、そんな話を連想する。忠義のために艱難辛苦《かんなんしんく》、忠義という当時の道徳だ。その正義の遂行のために、家族とか友人とかいろんなものを犠牲にして頑張るのが「赤穂義士伝」。いろんなものを犠牲にして大義をなす武士道を当時の人たちは賞賛した。

あるいは、戦国の世を知恵と処世術で、次々に敵を倒して出世する豊臣秀吉の人間学、おのれの正義のために負ける戦いにあえて挑《いど》む真田幸村の美学とか。

「清水次郎長」「国定忠治」、侠客は弱気を助け強きをくじく。カッコいい。

いやいや実はね、「正義の遂行」の陰で泣いている、家族や友人、恋人たちなどの犠牲をしいられる人たちの悲劇も描かれていたりするのが講談なんだ。

とにかく、そういう真面目でドラマチックなものなんだ。

ところが「風流志道軒」はエロと社会風刺が満載。そして、奇想天外な超嘘話。草創期《そうそう》にはそういうものもあったんだよ。襟を正して忠義や美学や義侠を説くだけが講談じゃなかった。

松茸とは何か。それはエロと社会風刺の象徴なのだ。

物語は、深井志道軒の若き日のお話。深井浅之進という勉学の徒であった。浅之進は仙人より羽団扇《はうちわ》をもらう。この羽団扇は万能で、あおげば空を飛ぶことが出来、海に浮かべれば高速艇にもなる。かざして見れば遠眼鏡になって、遠くのものだけでなく、女風呂ものぞける。

これを手にした浅之進、究極の色事を探して世界中を旅して歩く。

中国へ行き、小人の国や、巨人の国へも行く。「ガリバー旅行記」か？「ガリバー旅行記」は一七三五年に出版されたから、もしかしたら影響がなかったとは言えない。ちなみに、ガリバーは六代将軍家宣の時代に日本に来ている。ラグナグからザモスキに上陸し、江戸、京を経て、途中、天皇に謁見し、長崎から船に乗って、オランダ経由でイギリスに帰っている。

鎖国の時代、長崎に行ったことがある平賀源内は、その先にとてつもなく広がる世界を垣間見た。自分の目で世界を見てみたいという夢を抱き、「風流志道軒」の物語を志道軒に託したのかもしれない。

世界を旅した浅之進が最後にたどり着いたところは、女護ヶ島だった。この島には女しか住んでいない。浅之進は旅の途中で羽団扇を失い、船に乗って日本へ帰る途中、船が嵐に遭って百三人の乗組員とこの島に漂着した。

いいですか、皆さん、女しかいない島に、男が百三人漂着した。こらもう、男の取り合いで争いが起こる。血の雨が降る。島の女王様はすぐに百三人の男を捕縛し、城に連れて行った。

女は怖いよ。

「男が欲しいのは身分の上下は関係ない。すぐに男たちを城から出せ！」

暴動寸前。

そこで浅之進が進み出た。

「百余人の男では争いが起こるのは当然のことでございます。いかがでございましょう。江戸には廓と申す場所がございます。この国に廓を作り、私ども百余人が女郎ならぬ男郎となって情けを商う、というのはいかがでしょう」

この意見が採用されまして、女護ヶ島に廓が作られ、百三人の男たちは男郎となった。もうね、女たちから金もらって、やりたい放題。当然、廓は大繁盛。

最初は楽しかった。毎日毎日、何人もの女の相手をして。

だがしばらくすると、おのずと秋風が身に染みて、雨の降る夜も雪の夜も、ほんに勤めはままならぬ、客を見るのもうるさく、気に入らぬ客はふっても、そうそうふるわけにはいかない。昼も夜も客と逢っていると、半年も経たないうちに、顔色は青くなり、咳が出たりもして、無常の風に吹かれながら百余人の男たちは西へと旅立った。

皆、死んじゃって、浅之進独りが生き残った。

浅之進は昼五十人、夜五十人の女の相手をした。それでも元気ではあったが、心のうちは空しかった。このまま女の相手をして一生を終えるのか。

そう思っていると仙人が現われた。仙人は浅之進の旅をすべて知っていた。

浅之進はすでに老人だった。そして、仙人は木の松茸を浅之進に与えた。

「お前は女護ヶ島で、他の男たちと一緒に死ぬところだったが、この木の松茸が守ってくれたのだ。観音様が松茸に変化し、お前の身代わりを勤めてくれたのだ」

すなわち、浅之進のチ○コの代わりを勤めた松茸こそ、観音様だった。あらら、観音様も好きねえ。そういう話じゃない。

そして浅之進は江戸へ戻り、志道軒と名を改め、観音様ゆかりの浅草で講釈をはじめた。

松茸はありがたい食べ物でもある、というお話？　違うか。

第六章　冬

——鍋にまつわる、あれやこれや

一、「うどん屋」 うどん

江戸の冬は寒かった。

底冷えのする寒さ。加えて筑波おろしが吹きすさぶ。冬の寒い晩には、炬燵《こたつ》や火鉢では足りない。腹から温まるものが欲しい。そんな時には熱々の鍋焼きうどんを、時間を掛けて口のなかから腹のなかに、熱さを感じながら食すのは、まさに至福のひと時であったろう。

江戸っ子の蕎麦好きは有名だ。早いうまい安い、ツルツルツルと威勢よく食べられる。ところが、うどんは、同じ麺類なのに評判が悪い。

太くて、ネチネチして、歯ごたえが悪い。蕎麦は噛まずにツルツルツルといけるのに、うどんはツルツルツルなんてやったら喉にへばりついちゃう。第一芯まで熱々だから火傷でもしかねない。ニチャニチャニチャと噛んで食うのが江戸っ子には歯がゆい。うどんは小麦粉で炭水化物たっぷり、食えば腹いっぱいになって、胃にもたれる。

鍋焼きうどんは、作るのにも時間がかかる。

売り声がまた間抜けだ。「なーべやーき、うどーん」。妙にのばして声をあげるのが野暮ったい。

ようは、うどんなんて江戸っ子の食い物じゃねえ、田舎者の食い物ということだ。山東京伝も「厄払い」の口上になぞらえて、「悪魔うどん（外道）」と、うどんに対しては冷たい。

そんなに嫌われたうどんだが、やはり寒い晩は食された。

「うどん屋」

荷担ぎのうどん屋が主人公。鍋焼きうどんを売り歩く。

鍋は今戸焼きの赤い鍋で、なかはうどんと鳴門巻、かまぼこ、それに青味が利かせてございます。

青味っていうのは葱だね。青いところを刻んである。風味もいい。

鍋のほうは乙ですが、売っている奴は乙というわけには参りません。めくら縞の筒っぽを着まして、醬油で煮染めたような手ぬぐいを鉄砲かぶり。

筒っぽってえのは袂のない着物。いい形ではない。

そのうどん屋が間抜けな声で、

「なーべやーき、うどーん」

「うどん屋さん」

「へい」

「子供が寝たところだから、大きな声を出さないで」

「大きな声を出さなきゃ、商売にならない」。売り声を聞いて、「うどん屋が来たから一杯食おうか」ってなる。

黙ってて商売になる棒手ふりなんかいないのだ。

なのに怒られる。

酔っ払いに絡まれる。

「旦那、うどん食ってくださいよ」

「うどんは嫌いだ。ぬるぬるしていて性に合わない」

「なら、お雑煮はいかがですか」

雑煮もあるんだ。餅焼いて、うどんの出汁に入れればいい。

「人を見てものを言え。酒飲みが餅なんか、食うわけないじゃないか」

酒飲みは餅を食わないのか。

今までもさんざん酒の話はしてきた。腹にたまるものは酒飲みは食べない。なら、うどんも食わない。締めのラーメンなんか食って喜んでいるのは現代人だけだ。

どうも今夜は客に恵まれない。そんなところに声がする。

「うどん屋さーん」

声を掛けた男は小声だ。しかも商家の番頭風の男だ。

「大きなお店だ。そうか。主人が寝たから、夜なべ仕事の奉公人が、あんまり寒いんで、うどんを一杯ずつ食べて寝ようってんだ。これだけのお店だ。十人はいるな。主人に内緒だから、小さい声で呼んでるんだよ」

うどん屋なんて一杯ずつ売ったっていくらにもならない。商家で、夜なべ仕事をしているところなんぞが得意先にあれば、五杯、十杯と売れる。そういう得意先を持つことが棒手ふり商人の稼ぐコツなのかもしれない。

「うどん屋」っていう落語は、うどんを食べる仕草が聞かせどころになる。蕎麦よりも熱い。ツルツルとは食べられない。でも麺だからすすらないと食べられない。少しすすって、太いから、嚙んだりもする。


さて、うどんの歴史は、平安時代にさかのぼる。弘法大師（空海）が中国から伝えたというのは伝説だろうが、讃岐うどんなんていうのもあるから、あながち嘘話とも言えない。四国はお遍路の巡礼でもおなじみ、弘法大師が開祖の真言宗の寺院が多い。

庶民の食べ物となったのは、室町時代。江戸時代になると、田舎の村々で麺類の製造が盛んになり街道筋の茶店などでうどんの販売が行われた。それが江戸や京、大坂でも食されるようになった。

うどんも最初は麺状ではなく、ワンタンみたいな形で汁に浸して食べていた。やがて、いろいろ工夫がされ麺状になった。蕎麦が登場する前は、東西問わず、麺類と言えばうどんだった。江戸ではやがて、蕎麦が流行し、関東の蕎麦に関西のうどんの二大食文化圏が形成された。現代でも、関西に行けば、うどんである。

東京の落語でおなじみの「時そば」(詳しくは終章)の元は、関西の「時うどん」である。関東の蕎麦屋では、「きつねうどん」というメニューがある。油揚げの載っているうどんである。関西では「きつねうどん」とは言わず、ただ「きつね」で油揚げの載ったうどんが出て来る。

関西でも蕎麦がないわけではないが、「きつね蕎麦」というメニューはない。関西で油揚げの載った蕎麦を「たぬき」と言う。関東では「たぬき」と言えば、揚げ玉の載った蕎麦やうどんである。関西で揚げ玉の載った蕎麦やうどんをなんて言うのか。関西では、揚げ玉はサービスでついてくる。

関西人に言わせると、関東の「たぬき」は不思議らしい。「揚げ玉に銭とるんでっか!」

と驚かれた。

関東が蕎麦、関西がうどんというだけではない。それぞれのメニューにいろんな食文化が見られることが面白い。

二、「ねぎまの殿様」ねぎま

江戸は火事が多かった。

怖いのは延焼である。

消防なんていうのはないに等しいから、どんどん燃え広がる。

明暦の大火（一六五七）の時は、本郷の本妙寺で、亡くなった娘の供養に振袖を燃やしたところ、一陣の風が吹いて、火のついた振袖から寺に火が燃え移り、大火事になったと言われている。火はどんどん燃え広がり、とうとう江戸城の外堀内はすべて焼け、江戸城の天守閣まで焼失、死者は三万人から十万人、記録がないから定かではないが、とにかく大勢死んだ。

この火事を教訓に、幕府は火除け地を作った。延焼をふせぐために、街中に空き地を作り、また道路を拡張した。道を隔てて火事が燃え広がらないよう、とにかく道を広げた。これを広小路という。両国広小路は、現在の東日本橋あたり。そして、今も地名が残るのは上野広小路だ。

道が広いのをいいことに、ここにバラック、掘っ立て小屋を建てて商売をはじめた奴らがいた。

簡単な飲食を提供する店だ。

火事の延焼を防ぐために作った広小路に、建物を建てて商売する。しかも飲食店で火を使う、もちろん取締りの対象となるが、役人が来ると逃げちゃう。建物は取り壊されるが、もともとちゃんとした家ではない。すぐまた建てる。何日間でも商売をしたほうが儲かる。何せ広小路はちょっとした盛り場になっていて、あそこに行けば、いろんなものが飲み食い出来ると人が集まってきたからだ。

いろんな店があったが、ねぎま鍋、なんていうものを食べさせる店もあった。

「ねぎま」とは、葱《ねぎ》・鮪《まぐろ》鍋のことである。

五代目古今亭今輔は、わかりやすく「牛鍋の牛を抜いて鮪を入れたもの」と言っていた。

現代では、鮪の食べ方は刺身が多いのだろうか。照り焼きや煮ものにもするのだろうが、やはり刺身だろう。中トロや赤身もいいが、脂のあるところをブッ切りにして食べるのもよい。

最近では、ブツ切りにとろろを掛けた山かけだとか、鮪のたたきとアボカドを絡めたタルタルなんていうものもあったりする。

江戸時代は、刺身は鮪よりも鯛や平目といった白身魚が食されていた。淡白な味が好まれていたようだ。

鮪が食されるようになったのは天保（一八三〇～四四）の頃で、寿司は「漬《づ》け」で食した。赤身を醬油で漬けたもの。今でも寿司屋によっては「鮪の赤身」を頼むと漬けで出て来る店もある。ただの醬油でなく、濃い口の醬油に味醂《みりん》などを加えた独自のタレで、店ごとに独特な味の漬けを食べさせてくれる。脂の多いトロは漬けにしてもおいしくなく、あまり食されなかった。

トロは俗に「猫またぎ」と言われ、猫もよけて通った。廃棄するか畑の肥料にしかならないトロをおいしく食したのが「ねぎま鍋」だ。牛鍋のように醬油ベースの割り下で煮るので、鮪の脂のうま味と割り下の甘辛い味が葱に染みてうまい。これが昔は庶民の、ごく安価な食べ物で、屋台などで出されていた。

今はトロを鍋にしたら、一体いくらするんだろう。第一、もったいなくて食べられない。とても庶民の食べ物でない。トロでなくても中落ちとか、鮪でなく、鰤《ぶり》とか鮭とか、そこそこ脂の多い魚でこしらえたら、案外うまいかもしれない。

「ねぎまの殿様」

本郷の大名、というから前田侯か。

庭の雪をながめていたが、雪景色が見たくなり、向島へと雪見に出た。

吹雪のなかを湯島まで来た。

上野広小路まで来ると、掘っ立て小屋の料理屋が並んでいる。

「三太夫、珍味の匂いがするぞ」

「あれなる煮売屋にございます」

「煮売屋とはなんじゃ」

「町人が飯を食し、酒を嗜《たしな》む店にございます」

「珍味な匂いである。苦しゅうない案内をいたせ」

「ははっ」

殿様、はじめての煮売家である。

「へい、いらっしゃいませ。大神宮様の下が空いております」

すぐに空席に案内されるのが、こういう店のいいところ。空席といったって、醤油樽が置いてある。

何を食べていいかもわからないから、

「町人の食しているものはなんじゃ」

「お隣の旦那さんは、ねぎまでございます」

「では、そのニャーを持て」

「へい、ねぎま一丁」

店の者が「ねぎま」を早口で言うので、殿様は「ニャー」としか聞こえない。

骨のついた中落ちの鮪に青い葱の鍋だ。

「熱い！　なんじゃ、鉄砲仕掛けになっておるのか」

「それは葱の芯が飛び出したんです」

葱の芯が飛び出すのも面白い。殿様の好奇心をくすぐる。

牧歌的だ。

「笹を持て。酒じゃ」

「ありがとうございます。三六は三十六文、ダリは四十文、わずかな違いですが、ダリのほうがよろしゅうございます。灘の生一本でございます」

こんなところで灘の生一本があるわけがない。四十文っていえば約千円。昔の酒は高かった。

殿様、ねぎまで二合飲んでいい気分で、屋敷に帰る。

「目黒の秋刀魚」と一緒。殿様、ねぎまが食べたくなる。

台所役人に命じると、蒸かした鮪と茹でた葱を鍋にして出した。馬鹿だねーっ。

供侍《ともざむらい》の三太夫は利口者。

「一食くらい差し上げても、お体にさわることはあるまい」

脂の多い鮪と青い葱のねぎまをこしらえた。酒は台所番の飲む酒を燗徳利に猪口をつけて出す。殿様大喜び。

殿様の落語は実に罪がない。

三、「二番煎じ」猪の肉

一般の人が肉を食べるようになったのは、明治以降のことである。

正岡容《いるる》がこしらえて、五代目古今亭今輔が演じた新作落語「お婆さん三代姿」のなかで、江戸生まれのお婆さんが明治の御世をなげく場面でこんなことを言う。

「料理屋に行けば、牛鍋だ、豚鍋だ、桜鍋だ、獣《けもの》の肉をムシャムシャ食べるんだから、嫌になっちゃうよ。昔は獣の肉を食べると家が穢《けが》れると言いましたよ。獣の肉を食べる時は神棚に半紙を貼って、神様にお詫びをしてから四つ足を家に入れたものです。それが明治になってから、お乳を搾るだけ搾って、お乳の出なくなった牛を殺して、肉を食べて、骨はスープだって、大江山の酒呑童子みたいな人間がうろちょろしている」

大江山の酒呑童子には驚く。

とは言え、神様にお詫びをすれば、肉を食べてもよかったんだろうか。

江戸の人々は肉食を常とはしていない。しかし、栄養補給のための薬として、猪や鹿などを食すことはたまにあったようだ。これがうまいし、体は温まる。だんだん料理も工夫され、臭みをとるための肉食用の味噌なども作られ、鍋なんかも流行した。富裕層の町人にとっては、ちょっとした楽しみでもあったのだろう。

仏教で肉食が禁じられていても、日本人は本音と立て前の使い分けがうまい。猪を山鯨またはボタン、鹿をモミジ、鶏肉をカシワ、馬肉をサクラなどと呼び、時々は肉食をしていた。

文化文政（一八〇四〜三〇）の頃には、食肉を扱う「ももんじ屋」が出来る。麴町や両国にあったというが、現在でも両国に一軒あり、ショウウィンドゥには猪がぶらさがっている。

料理としての食肉文化がもたらされたのは幕末、西洋人によってだ。もっとも食肉用の牛はまだ生産されておらず、中国やアメリカからの輸入でまかなっていたが、外国人が増えて需要が追いつかなくなった。

やはり外国人が多く住んでいた神戸で、食用の牛が育てられるようになったのが、神戸牛のはじまりだ。神戸から牛が搬送され、横浜で加工された。

幕末に日本人向けに牛鍋を出していたのは関西で、明治になり、あちこちで牛鍋屋が開店した。日本人が簡単に肉食を受け入れられたのも、実は江戸時代から隠れて時々は食べていたからに違いない。

「二番煎じ」

江戸の名物だなんて言われていたって、火事は怖い。とくに財産のある富裕層にとっては避けたい災害の重要事項だ。そこで町内の旦那衆が自警団みたいなものを作って、寒い夜中に「火の用心」と町内を巡回することになった。

当時は番太郎といって、町内の雑役夫みたいな男を雇って番小屋に住まわせ、この男に「火の用心」の巡回も任せていたのだが、老人だったり、職にあぶれて番太郎なんかやっている奴だったりするので、どうもあんまり信用出来ない。自分たちの生命と財産を守るためには番太郎なんかには任せておけない。

普段は厚着をして寒さなんかを気にしない旦那衆が寒風吹きすさむ深夜、「火の用心」とまわる。寒い。寒くてたまらない。チョーンチョーンと鳴るはずの拍子木が、コッコッとヘンテコな音がする。着物の袖に手を入れたまま拍子木を叩いているのだ。金棒なんか冷たくて、とても持っていられない。なんとも情けない夜まわりだが、昔道楽して吉原暮らしをしたことがある男がいい喉で「火の用心」を聞かせたり。旦那衆ならではの夜まわりだ。

番小屋に戻る。ご馳走は火鉢の火だけだ。

「いや、私が家を出る時に娘が言いますには、お父様、あなたはお年を召しているから風邪を引くといけません。寒さしのぎに一杯おやりなさいと、この瓢簞に、酒を入れて持たせてくれました。いかがでしょう。皆様も一杯召し上がられては」

ほら、出ますよ。こういう人は必ずいるんだ。寒い。温まりたい。飲んではいけないけれど、一杯ならいいでしょう、と酒を持って来るんだ。で、独りで隠れて飲むのは気が引けるから「皆様も一緒に」なんて心にもないことを言う。

「ちょっと。あなた、何を言ってるんですか。黒川さん、あなたは年嵩《としかさ》なんだから、私たちがそういうことを言ったら、たしなめる立場でしょう。雪見や花見じゃあるまいし。そんな酒を瓢箪に入れて持って来るなんて。こっちへ貸しなさい。この土瓶のお茶を捨ててください。ねえ。この瓢箪の酒を土瓶に入れて火に掛ける。燗がつくでしょう」

ははは。やはり一座のまとめ役はこういう人でないといけない。

「瓢箪から出る酒はいけないが、土瓶から出る煎じ薬なら構わないでしょう」

ちゃんと、役人に見つかった時の言い訳まで考えている。

「私も五合持って来た」

用意がいい。

「月番さん、私も持ってきました」

なんのことはない。皆、考えることは同じだ。

「私はね、皆さんがお酒を持って来ると思っていましたんで、猪の肉を買って持って参りました」

気の利いた人がいるものだ。

「葱も買って来ましたよ」

「用意がいいねえ。駄目だよ、ここは番小屋だ。鍋がない」

「鍋は背負って参りました」

鍋まで背負って来るとは用意周到だ。

酒の燗がつく。

「うまい。こういう寒い晩は酒に限ります。腹にしみこむようで、体中が温まります」

夜まわりのついでのミニ宴会が始まる。江戸の富裕町人たちには一種のコミュニティがあった。同じ階層同士の絆とでも言おうか。富裕層同士での助け合い、協同組合みたいなものがあり、「生命と財産を守る」といった共通目的にはすぐに一致団結出来る。そして、酒と肴があれば、その団結は一層強くなる。今も昔も変わらないのである。

そして、いよいよ猪が煮える。

「私は猪の肉をいただきますよ。これはうまい。猪の肉はいくら熱いのを口に入れても火傷をしないというのが不思議ですな」

火傷しないんだ。

「私は四つ足はどうも」

と言う人もいたりするが、付き合いだからとすすめられて食べたら、やはり、うまい。

「猪食った報い、なんて言いますがね、あれは間違い、猪食った温《ぬく》い、って言うんですよ」

諺なんて、少し文字を変えたら、いくらでも違う解釈が出来る。

「明日は私が肉を買って参ります」

そう。宴会は皆で持ち寄るものだ。

「私はね、葱をいただきます。ええ、私は葱が大好きなもので。葱は実においしい。いや、葱はようがす」

「ちょっと待ちなさいよ。あんた、葱だ、葱だって、葱で肉をはさんで食べてないか」

ずるい奴もいるが、この程度はお愛嬌だ。

これが役人に見つかるが、役人だって寒いのは同じ。煎じ薬の酒を飲み、

「うん。この煎じ薬はよく効く。もう一杯もらおう」

そして、煎じ薬の口直しという猪の肉も食べてしまう。

夜まわりはしなくてはならないかもしれないが、寒い晩だからこそ、多少のはめをはずすのもありなのかもしれない。

四、「鰍沢」玉子酒

寒い冬は温まるものが食べたい。

鍋もいい。うどんや味噌汁、熱いものは嬉しい。

葛湯なんていうのも温まる。

だが、飲める人はやはり酒だろう。

酒は食べ物じゃないけれど、ちょっと工夫しておいしく、さらに温まる飲み方もある。

玉子酒だ。

風邪なんか引くと飲んだりもする。温まるし、卵だから栄養もある。味がやわらかくなって飲みやすくもなる。酒が飲めない人でも、玉子酒は薬と考えて飲む人もいる。

卵も高価、酒も高価な時代、玉子酒はかなり贅沢なものだろう。

昭和三、四十年代、子供が病気になると、バナナやプリンが食べられた。食欲がないところへ甘くて食べやすいもので栄養補給をしようというのだ。バナナやプリンはまだ高価だった。だから、当時の子供は、早い話が筆者もそうだ、病気になると小踊りした。

玉子酒は大人のバナナみたいなものかもしれない。

「鰍沢」

この落語は三遊亭圓朝・作。語りで聞かせる噺だが、人情噺ではない。ちゃんと落ちがある、落とし噺だ。「毒消しの護符」「玉子酒」「鉄砲」の三題噺で作られたと言われている。

三題噺とは、お客から三つ題をもらって、ほぼ即興で噺を作るという。噺家のお遊びといったら、お遊びなのかもしれないが、落語が出来た当時、江戸時代の中頃、初代三笑亭可楽は三題噺を得意にしていた。こういう遊びが、落語の原典にあったようで、圓朝もいくつか三題噺を残している。近年では、三遊亭圓丈や、三遊亭白鳥が圓朝の意志を継いでというわけではないが、三題噺でクオリティの高い新作を作っている。

もっとも形として完成させるのは、初演からさらに練り上げてのことであろう。「鰍《かじか》沢《ざわ》」のような作品を即興で作れるわけはないのだが、その原型は即興から生まれたとしたら、かなり面白い。

身延《みのぶ》参りの旅人、新助が雪で道に迷い、地獄に仏、たどり着いた一軒のあばら家。

そこの女主人がおくまだ。

年頃二十六、七になりましょうか。絹物ではあるがつぎはぎだらけ、その上へ上田紬《つむぎ》の茶弁慶の薄いねんねこ半纏《ばんてん》をはおりまして、頭は櫛巻き、色は抜けるように白い、鼻筋の通った、目元にちょっと険はありますが、どうも実にいい女。ただ気になるのは、顎から喉にかけまして月の輪なりの酷い突き傷がある。女がいいだけに、これがいっそうに凄い。

傷っていうのが、いっそう美しさを浮かび上がらせる。妖しい女っていうやつだ。雪中道に迷いたどり着いた家に、そういう女がいた。しかも、おくまは元吉原の遊女、熊造丸屋の月の兎といった。伝三郎という男と恋仲になり心中するが失敗、そのまま逃走し山中に隠れ住んでいるのだという。新助は身延に礼参り。懐には大金があった。おくまは新助の金に目がくらんだ。

外は寒い。温まるには、囲炉裏の火だけでは足りない。やはり酒が欲しい。新助はあまり酒が得意でないので遠慮する。

「そうお言いなさんな。一口だけでも差し上げたいが、ここらは地酒で、嫌な臭いがするんで、江戸の人には飲めたものではない。私は近頃では気にならなくなりましたけれど、はじめての時は戻しそうになった。慣れとは怖いものですね。そうだ。玉子酒にすれば、いくらか臭いも取れましょう。いま、こしらえますから、ちょっとお待ちなさいまし」

地酒の臭いだけじゃない。玉子酒にしちまえば、他の臭いや味も消すことが出来る。

台所へ行くと、燗鍋というものを持って来た。鉄瓶の背の低いようなもの。これへ生卵をポン、ポン、二つ割り込んで、お酒を入れて、囲炉裏の自在鉤《じざいかぎ》に掛けますと、すぐに出来上がる。

「さぁ、熱いほうがいいですから、飲んでくださいよ」

「地獄極楽紙一重」、新助は玉子酒を飲みながら、こんなことを言う。雪で死に掛けた。命からがらあばら家にたどり着き、命が助かった上、玉子酒まで飲ませてもらえる。前に書いた通り贅沢な飲み物だ。だが、この極楽のあとに地獄が待っていることを新助は知らない。

おくまは酒のなかにしびれ薬を入れていた。

新助は疲れと、わずかに飲んだ酒で、奥の間の布団に横になる。

おくまが亭主の寝酒を買いに外へ出た後、伝三郎が戻って来る。

「こう寒くちゃ、体が凍りそうだ。なんだ、こりゃ？　玉子酒じゃないか。嫌だ嫌だ、亭主が雪のなか、かけずりまわって稼いでいるのに、カカアは家で玉子酒か。いい畜生でいやがらぁ。まだずいぶん残っている。もったいないなぁ。（飲む）玉子酒のぬるくなったのは生臭くていけねえ。まぁ、飲まないよりはいいか」

いろんな演出があるが、十代目金原亭馬生はかなり意地汚く、湯呑の底を舐めまわすように飲む。花魁と心中でもしようというのだから、そこそこの色男だった伝三郎だが、山中の暮らしが男をすっかり変えてしまっている。ぬるくなって生臭くても、玉子酒が高価なのを知っているから飲むんだ。

というよりも、新助は玉子酒の上澄みだけ飲んでいるから、しびれ薬をたいして飲んでいないのに、伝三郎は飲み干した。意地汚いと命取りだ。

「おい、お前、顔の色がまっ青だよ。どうしたんだい。何か悪いものを食ったんじゃないかい」

「な、何も食ってねえ」

「何も食ってないって、お前、ただごとじゃないよ」

「な、らにも食いやひねえ。お前の、の、飲み残ひろ玉子酒があったから、そいつを飲んららけ……」（舌がまわらなくなっている）

「えっ！　玉子酒……！　おえねえことをしたじゃねえか。この玉子酒には毒が入っているんだ」

「なんだと、こん畜生、お前、亭主に毒を飲ませたのか」

「お前に飲ませるんでこしらえたんじゃない。奥に旅人が寝ている。百両は持っている。お前の作ったしびれ薬を玉子酒に入れて旅人に飲ませた。その余りをお前が飲んだ」

「苦しい。おくま、た、助けてくれ」

「苦しいったってお前、飲んじまったんだ。お前も今まで悪いことをしてきたんだ。罪の報いとあきらめて死んでおしまい」

「そんなお前、俺は死にたくねえ」

その声が新助に聞かれた。新助もしびれ薬を飲んではいたが、少量だったのと、小室山の毒消しの護符で助かった。

逃げる新助。亭主の仇と鉄砲を手に追うおくま。亭主の仇ったって、殺そうとしたのはおくま、亭主は勝手に玉子酒を飲んだんだ。

高価な玉子酒を振る舞ったのも、それで新助が死ねば、懐の金が手に入る。投資みたいなもんだったんだ。

元は花魁のおくま、山中の家では無愛想ながらも旅人に一夜の宿を貸す親切な女だった。それが新助の懐の金に目がくらみ悪女へと変わる。自分のためではない。それもこれも伝三郎のためだ。男のために女はいくらも変わる。そして、最愛の男をその玉子酒で殺した。まさに運命の玉子酒だ。

五、「らくだ」河豚

命懸けの食事をしたことがあるだろうか。

何かの都合で、何日も飯が食えず、何かを食べて命が助かった、なんていう経験もそんなにはないかもしれないが、ないことはない。

死には至らずとも、仕事が忙しく一日くらい食べないで、腹が減って死にそう、なんていうことはあるかもしれない。あるいは夏の炎天で、冷たい水を飲んで、「命が助かった」なんて思うことはある。

そう。食事は命を助けるものだ。

だがまれにあるのは食あたり。うっかり腐った食材で作られた料理や、なんかの加減で菌が料理に付着し、食中毒なんていうこともない話ではない。

食材そのものが毒を持っているものもある。茸《きのこ》とかね。

十分に注意して、そういう食材は口にしないことだ。

だが、世の中には毒を持っているからうまい、というものもある。

私は中国で蠍《さそり》のから揚げを食べた。黄河で養殖している。食用に養殖しているんだから、たいした毒はないんだろうけれど、鋏《はさみ》のところが舌に当たると、ちょっとだけピリッとする。

河豚《ふぐ》はバブルの時（一九八七年～九二年頃）によく食べた。とは言え、今どき、河豚にあたって死ぬ人はいない。

私が子供の頃、歌舞伎役者の八代目坂東三津五郎が河豚に当たって死んだというニュースを見た記憶がある。この商売をするようになって、古い評論家の先生が、八代目三津五郎を「河豚みつさん」って呼んでいたのを聞いて、思い出して、ちょっと笑ってしまった。

今どきはないが昔はあった。

「河豚は食いたし、命は惜しい」なんていう諺もある。江戸時代は一般に河豚を食すのは禁じられていたらしい。解禁にしたのは、伊藤博文。何せ河豚は長州の下関の名産だから。地元利益を優先したのか、自分が食べたかったのかは知らないが、おかげで私たちは河豚が食べられるようになった。

もっとも、江戸時代、河豚を食べることを禁じられていたのは武士だけで、庶民はわりと普通に食べていた。あくまでも自己責任でだ。河豚も肝とか、危ないところを食べなければ問題はないのだが、食通と呼ばれるような人たちは、毒がありそうなところがうまい、というのを知っている。

河豚の出て来る落語には、「ふぐ鍋」がある。河豚を食べたい金持ちが二人、もちろん、ちゃんとした料理人に調理させた、危なくない河豚を用意するのだが、風評というか、やはり怖い。そこで乞食に食べさせて様子を見て、大丈夫だったら食べようという、悪い奴らだ。まぁ、金持ちなんてそんなもんだろう。

「らくだ」

「らくだ」は河豚にあたって死んだ男が主人公。主人公ったって死んでるんだ。一言も口はきかない。

「らくだ」という仇名の乱暴者のならず者が、河豚にあたって死んだ。

「おう、らくだ、いるか。なんだ、寝てるのか。起きろ。起きろよ。あれ？　めえっている。やりやがったな。夕べ湯の帰りに野郎に会ったんだ。河豚ぶらさげていやがった。そんなものを素人が捌いて、大丈夫か。あたっても知らねえぞって言ったんだ。体の色が変わっていやがる。苦しかったんだろうな。近所の野郎も気がつかねえかな。まぁ、野郎の普段が普段だから、しょうがねえか」

河豚は簡単に手に入るんだ。でも、自分で料理する。そして、あたると、そうとう苦しいようだ。

らくだが死んだ。発見したのは兄貴分のやくざ、丁の目の半次。こいつも碌な奴じゃない。だが、義理堅いのもやくざだ。たまたま通り掛かった屑屋の久六を脅して手伝わせて、らくだの葬式を行うことになる。

「こんちは」

「なんだい、屑屋さん」

「今月の月番さんはこちらですか。あの、おむかいの、らくださんのことで」

「らくださん？　らくだの苦情をうちに言われても駄目だよ」

「そうじゃないんです」

「なんだよ」

「らくださんが死んだんです」

「死んだ？　夕べ？　どうして？　河豚にあたって。らくだが死んだ？　河豚もあてやがったね。おい、屑屋さん、生き返ったら困るから、今のうちに頭を潰しておいてくれ」

酷いことを言うもんだ。

「河豚にあたる」ということはなんとなく知ってはいるんだろうが、江戸時代でも、そうそう河豚にあたって死ぬ人を見ることもなかったんだろう。危ないとなれば、食べる人もいなかったし、食べる人も高級料理屋で安全に調理されたものを食べていたのだろう。自分で捌いてあたって死ぬ奴は珍しいから、悲惨な死に方をしたとは思ってもいない。もしもまだ仮死状態なら、止《とど》めを刺しといてもらいたいと思ったのだろう。

ちなみに、「らくだ」は上方の噺「らくだの葬礼」。東京に移したのは、三代目柳家小さんだが、時代背景は江戸のようだ。

関西では、一般的に河豚は食される。下関が産地の河豚は、西のほうではわりと出まわり、意外と安価な魚で、庶民もよく食べていた。冬場の河豚鍋は一般的な料理だった。

大阪に行くと、河豚の提灯の看板を出している居酒屋を見かける。「鉄砲」とか、「鉄ちり」と呼ばれている。「鉄砲」と言うのは、あたると即死、というところからきている。おっかない洒落だ。

「鉄砲」と呼ばれたのは、やはり関西でも表向きは河豚が禁じられていたので、「河豚」とは言わず、「鉄砲」という隠語で、料理屋では出されていたらしい。安くても、あたるものは食べないだろうから、肝なんかを食べることはなかったのだろう。

肝なんか食べなくたって、河豚鍋、河豚刺、何を食べてもうまい。

そうそう。バブルの頃、忘年会が毎回河豚で、師走に四、五回河豚が続いたことがあった。「もう河豚は飽きた」なんて言って、「今年はモツ鍋にしよう」、それがバブル崩壊のきざしだった。

終章　江戸の食文化を知るその他の落語

一、江戸のファストフード「蕎麦」

江戸っ子の食い物の代表と言えば、蕎麦だ。

もともと蕎麦は米の代用食で、麦、稗、粟と同様、米の食べられない地方の農村で、団子や餅や蕎麦がきにして食していた。

今日、我々が食している細い麵状の蕎麦として登場するのは、明暦（一六五五〜五八）の頃と言われている。

江戸っ子に蕎麦が好まれたのは、早い、安い、うまいからだ。茹でて汁を掛ければ出来上がり。作るのも早ければ、ツルツルッと食べるのも早い。

俗に「二八蕎麦」というのは、「蕎麦粉が八割でつなぎが二割」などとも言われているが、一杯の値段が十六文だったところから、二×八で十六文の洒落だなどとも言う。十六文はいくらくらいか。

江戸時代も二百六十五年間あるから、物価もまちまちで一概には言えないが、落語が演じられはじめた文化文政の頃で四百円くらいじゃないかと思われる。蕎麦一杯四百円が高いか安いかは個人の感覚で違うかもしれないが、今の立ち食い蕎麦もだいたいそんな値段ではなかろうか。

ちなみに、幕府がデフレ政策で物価を抑制した寛政（一七八九～一八〇一）の頃は、蕎麦の値段も十四文になり「二七蕎麦」と呼ばれていた時代もあったし、幕末のインフレの時代には値上がりもしたそうだ。

「時そば」

うまい蕎麦がどんな蕎麦かを説明してくれる落語に、「時そば」がある。

「もうできたのか。早いな。江戸っ子は気が短けえんだ。あつらえてからいつまでも待たされちゃ食う気がなくなっちまう。待たせねえところが嬉しいね。感心に割り箸使ってるじゃねえか。割ってある箸はいけねえや。誰が使ったかわからねえからな。いい丼だね。ものは器で食わせるてえけど、このくらい、いい丼を使ってくれるのはいいよ。（汁を一口飲み）鰹節おごったねえ。なかなかこれだけの出汁は出せないよ。（箸で蕎麦をつまみ）蕎麦は細くなくちゃいけない。うん。いい匂いだ。（食べる）腰が強くて、さらりとして、こんな蕎麦はしばらく食ったことがないよ。俺は蕎麦っ食いだから贔屓にするよ」

どんな麺が好まれたのか、細くてポキポキしているのがいい。どんな出汁が好まれたか、鰹節をおごったものがいい。丼は綺麗で、箸は割り箸。塗り箸や一度使った割ってある箸はいけない。先っぽが濡れていたり、葱がぶらさがってるなんてえのは論外。見た目も大事だということだ。

こうやって調子よく蕎麦を褒めた男が一文ごまかしたのを、翌日真似て失敗する男の話が「時そば」だ。

江戸の蕎麦は「時そば」のような荷売りの蕎麦が主流だった。

何故、江戸で蕎麦が流行ったのか。

一番の理由は家が狭かったからだ。俗に九尺二間といわれる長屋の面積は約三坪。寝起きするだけで、家で調理をして食事をするには負担が大きい。

そんな住宅にも土間の台所はあったが、米を炊くへっつい（竈）があるくらいで、他の煮炊きの設備はなかった。米の飯は炊いて食うが、おかずは沢庵か梅干というのも、そのへんの住宅事情からなのだろう。

加えて、男女の人口比が圧倒的に男の多い江戸の街では妻帯出来る者も少ない。独り暮らしの男性が多いから、家でゆっくり食事をするよりも、手軽な外食が好まれた。

そんな事情だから、蕎麦に限らず、江戸っ子は荷担ぎの屋台で食事をとることが多かった。寿司、天ぷら、おかず一品を四文で商う四文屋《しもんや》、なんていう店もあった。ようは江戸っ子はファストフードが好きだった。

寿司は「弥助」と呼ばれていた。浄瑠璃「義経千本桜」の「鮨屋の段」。元平家の家臣で今は鮨屋の主人、弥左衛門は、源氏の探索を欺《あざむ》くため、平惟盛を下働きの弥助と偽りかくまっていた。この弥助の名が寿司を「弥助」と呼ぶ由来である。もちろん、源平の時代に江戸前の寿司なんかはない。江戸時代の歌舞伎や浄瑠璃はその時代の風俗のなかに時代物の世界を描いたのだ。

寿司のはじまりは東南アジア。塩漬けの魚を米のなかに詰め、米の自然発酵で魚を保存した。魚を保存するためのものだから、米は食べずに捨てていた。「熟《な》れ寿司」という、現在でも近江にある鮒寿司が原形である。

日本に伝わったのは奈良時代で、やがて米食の日本人はご飯と魚を一緒に食べるようになる。自然発酵でなく、飯に酢を混ぜたりした。保存食から料理へと寿司が変化していったのだ。

握り寿司が登場するのは、文化文政（一八〇四〜三〇）の頃、江戸湾で採れた魚介や海苔を用いて考案された。ネタは、コハダ、穴子、アジ、イカ、タコ、ハマグリなど。最初はナマモノは腐るからと、酢で締めたり、焼いたりしたものもあったという。

寿司の値段は屋台で一個四文から八文。待たずに食べられて安くてうまい、江戸の寿司は回転寿司のセンスだ。小腹がすいた時に二、三個つまむのがちょうどよい。だが、当時の寿司は、今日の寿司よりもはるかに大きく、おにぎりくらいの大きさがあったらしい。おにぎりなら二個食ったら立派なご飯だろう。

寿司屋のカウンターで注文すると、寿司が二個ずつ出て来る。いろんな理由があるが、寿司を二個食えばちょうど腹いっぱいになるから、二個ずつ出て来るのではなかろうか。

天保（一八三〇〜四四）の頃には高級寿司店も登場している。江戸前の握り寿司を考案したのは華屋与兵衛という人で、遊びで身代つぶした与兵衛が荷売りの寿司屋をはじめ、さまざまな工夫をして最後には両国に店を構えるまでになったそうだ。以降、寿司は高級志向と庶民の軽食の両輪で人々に愛されてきた。

天ぷらは、江戸湾の新鮮な魚介、穴子、芝海老、貝柱、コハダなどに水で溶いた小麦粉をつけて揚げた。串に刺して揚げたものを大皿に盛って出し、客は好きなものをとってタレをつけて食べた。醬油の普及で天つゆが工夫されたのも天ぷらの流行に一役買ったのだろう。

天ぷらの起源は、奈良時代にも見られ、鎌倉時代の精進料理にも、魚介や野菜を揚げて出したものはあったが、現在の天ぷらに近いものとして登場するのは、江戸時代初期の長崎。西洋人からもたらされたものだろう。

語源は、ポルトガル語で料理するという「テンペラ」、スペイン語で寺の意味の「テンプル」、神に感謝する日で鳥獣を食べずに魚肉の揚げ物を食べる日の「テンポロ」、天竺《てんじく》浪人がふらりとやって来て揚げ物屋をはじめたので「天ふら」と山東京伝が命名した、など諸説ある。天竺浪人とはインドの浪人のことでなく、出所不明の浪人の意味。

文化文政の頃は天ぷらもだいたい一串四文だった。屋台で人気の天ぷらだが、寿司と同様、江戸時代後期には、屋台で食べる庶民の食べ物と、料理屋の高級料理とにわかれた。また、店舗営業の蕎麦屋で、天ぷら蕎麦やかき揚げなども出されるようになった。貝柱の天ぷらの入った「あられ蕎麦」など、今日の蕎麦屋ではあまり見掛けないメニューもあったようだ。

寿司や天ぷらの出て来る落語はあまりない。高級料理として、ご馳走のなかに登場したり、新作落語には出て来るものはあるが、落語のなかで描かれていない。江戸庶民に愛された寿司や天ぷらが落語に出て来ないのは、ある意味、不思議だ。

いわゆる食事でなく、小腹のすいた時に食べる、おやつ的な意味合いが大きいとか、今日とは、食べ方や存在意義が違って、わかり難いのかもしれない。

二、通夜のご馳走

現代でも、お通夜に行くと、お清めの場が必ず設けられている。お清めに酒を一杯だけ飲み、寿司やオードブルかなんかをつまんで帰るのが普通だ。なかには故人を偲んで、酒を飲みながら思い出話に浸るなんていうこともある。普段会わない人と、通夜の席で会ったりすることも多い。あるいは、その人を知らなくても故人と友人だったりするので、知らない者同士でお互いの思い出を語り合うなんていうこともある。

東京の葬式だと、なかなか個人の家での葬式は珍しくなった。葬儀社のセレモニーホールか、よくあるのは、町屋や桐ヶ谷の斎場なんていうこともある。町屋だったら、居酒屋も多いから、斎場のお清めの席から居酒屋に場を移して故人の思い出を語り合うこともあったりする。

昔はどうだったんだろう。

やはり、死者は穢《けが》れ、という考え方があったので、清める意味で、酒を飲むことはあったのだろう。

葬式の出て来る落語に「黄金餅」がある。葬式の段取り一切が出てくるが、当然、寺での通夜の後、お清めの場面もある。

葬式を仕切る金兵衛の科白《せりふ》が凄い。

「貧乏寺なので茶の用意もございません。これから新橋行くと夜明かしが出てますから、なんでも好きなものを飲んで食べて、自分で勘定払って帰ってくれ」

死んだ奴も貧乏、金兵衛も貧乏、寺も貧乏では、何も出ないのも仕方がない。

具体的に食べ物の出て来る落語もある。

「らくだ」

河豚のところでも取り上げた。

長屋の嫌われ者のらくだが死んだ。

兄貴分の半次が葬式を仕切ることになるが、金がない。なんだ、また貧乏か。

だが、金がなければ葬式が出来ないわけではない。あるところに出させればいい。

とりあえず、隣近所から香典は集めた。

でも、それでは通夜の清めの酒や料理なんて無理だ。

半次は屑屋の久六に言う。

「大家のところに行ってな、らくだが死んだのを伝えて。今夜長屋で通夜の真似事をいたします。大家さんはお忙しいでしょうから、おいでになるには及びませんが、大家と言えば親も同然、店子と言えば子も同然、子に飲ませると思って、いい酒を三升、肴は贅沢は言わない。はんぺん、ハス、芋なんかを甘辛く煮たものを丼に二杯、おまんま食いたい奴もいるから。米の飯を二升、にぎりめしにして届けてもらってくれ」

なるほど。金なんかなくても葬式は出来る。

大家と言えば親も同然。最小コミュニティの責任者で、住民がつつがなく暮らせるよう気配り目配りをするのが大家の仕事だ。通夜の酒肴くらい用意してくれてもよかろうというのが半次の考え。

「はんぺん、ハス、芋などを甘辛く煮たもの」、酒飲みが好みそうで、なんともうまそうだ。はんぺん、ハス、芋はずいぶん安上がりな材料だが、甘辛くというのが唯一の贅沢。砂糖も醬油も貴重である。

通夜の席に長居なんてするもんじゃない。一杯の酒に、肴は一箸か二箸の煮物でいい。だから長屋中に酒三升、丼二杯の肴、にぎりめし二升は女性や子供も来るからという配慮だろう。

言われた久六はあわてた。

「嫌だよ、私は。この長屋で商売出来なくなっちゃうよ」

「嫌なのか。お前、さっき言ったのは嘘か。死ねば罪も報いもねえ仏じゃないのか」

大家だってらくだには迷惑を掛けられている。店賃なんて払ったことはない。だから、酒肴なんか出さない。屑屋は何も働くのが嫌なんじゃない。出すはずもない大家に話をするのが嫌なんだ。

「そうか。出さねえか。そうなると、ちと忙しくなるなぁ」

「嫌だよ。何をしようって言うんだい」

「もういっぺん、行って来い」

「勘弁してくださいよ、親方」

「いいからもういっぺん行って、こう言うんだ。死骸のやり場に困っております。こちら様に死人を担いで、かんかんのうを踊らせてご覧にいれます」

「私が言うの？」

「言えないの？　俺が優しく言っているうちに」

「行きます」

大家が拒むので、半次と久六はらくだの死骸を担いで大家の家へ。

かんかんのうっていうのは、幕末に流行した唐人踊り。中国から伝わった九連環って歌のメロディのいいとこ取りして、歌詞を変えたもの。明治になり、梅ヶ枝節や法界節としても流行った。

死体を踊らせたものだから大家は驚いて、すぐに酒肴を届ける。

「らくだ」では、長屋の連中に振る舞う場面はない。なにせ死んだのが乱暴者で嫌われていたらくだだし、長屋の連中は久六から「らくだよりも怖いやくざが来ている」と聞いている。香典だけ届けたら長居は無用だ。

「大家が酒と煮しめを持って来やがった。今、一杯やったら、いい酒だぜ。一杯いこう」

「酒ですか？　嫌いじゃないんですがね、飲んじゃうと商売に出るのが億劫になっちまいますんで」

「嫌なことを言うなよ。お前、死人担いだんだ。一杯ひっかけて、体清めてから仕事に行けばいいだろう」

「いや、でもね」

「この野郎、優しく言っているうちに飲まねえか」

酒というのは、やはり清めという意味でも重要なのだろう。

半次は久六に酒を飲ませた。こやつが酒乱で、それでも二人で、大家さんの酒肴で、らくだの通夜をしてあげるんだ。

「強飯の女郎買い」

もうひとつ、通夜の料理の出て来る落語を紹介しよう。

「強飯《こわめし》の女郎買い」は「子別れ」の前段のお話。

熊さんが知り合いの隠居の通夜に行く。

「どうもいい弔いでしたね。いい心持ちだ」

「熊さんか、たいそうご機嫌だね。どこでそんなに飲みなすった」

「いや、今日の弔いはいい弔いだ。あっしの大事なお出入り先の隠居の弔いだ。お手伝いをしようと思って早くに寺に行ったんですよ。で、台所に行くと、土瓶にこよりを結んだのがある。なんだろうなってんで匂いをかぐと、これがお酒でね。ありがてえ。いい供養になるってんでいただいたら、いい気分になってね。弔いのはじまる頃には、ぐっすり寝ちゃった」

「手伝いに行ったんじゃないじゃないか。酒飲んで寝に行ったんだ」

「起きたら、焼香も済んであらかた人もいねえ。驚いて飛び出したら、お前さんがいたんでね。声を掛けました」

とんでもない奴がいたものだ。声を掛けられた人もいい迷惑だ。

「死んだ隠居はいくつだっていいました?」

「確か九十六だか七だか」

「よく生きたね。猫なら化けるよ。耄碌《もうろく》して死ぬのを忘れたのかね」

「死ぬのを忘れる奴があるか。しかし、大往生だ。結構な話だ」

そうなんだよ。長生きして亡くなると、そんなに悲しくもない。

熊さんはこのあと、紙屑屋と会う。

「仏の遺言で、弁松の強飯が出たんだ」

あらら、長寿で亡くなる人の気遣いだ。

「竹包みだが、がんもどきなんて汁をふくんでいい味だ。台所に残っていたんで、もったいないから七つもらって来た」

「酔ってるくせによく気がついたね」

弁松（仕出し弁当の専門店）の強飯を背負って女郎買いに行くわけだ。

弁松はいまもある。おかずが濃い味で、たまに食べるとうまい。創業は嘉永三年（一八五〇）だから、ペリーが来る三年前だ。

通夜なんていうのは行きたくて行くところじゃない。故人を悼む気持ちはあるものの、どちらかと言えば浮世の義理で行くところだ。せめて手軽に食べられて喜ばれるものを出すのも、通夜の心遣いかもしれない。

三、魚を食べる

魚に関連する落語の代表と言えば、年末になるとよく聞かれるあの一席。
魚屋が主人公の「芝浜」だ。

「芝浜」

魚屋の勝五郎（名前は演者により異なる）は腕のいい魚屋だが、酒に溺れた。得意先を失い困窮したところ、女房の励ましで立ち直ろうと思い、朝早くに芝の浜に出掛ける。そこで大金の入った財布を拾う。

皆様ご存じのお話だ。知らない方は、年末にどこかの落語会で聞いてもよし、CDなどでも、志ん朝、談志、小三治、権太楼……で聞いてみたい。「芝浜」で名を上げた三代目桂三木助の録音も一本だけ残っている。

ざっと書いた説明のなかでも、いろいろわからないことがある。

「腕のいい魚屋」ってなんだ？　魚屋の腕？　魚を見わける目なのか？

実は魚屋っていうのは、魚を販売するだけではない。魚を売る飯台、あの蓋の部分をまな板にして、魚を調理するのも魚屋の仕事だった。三枚におろす、刺身にする、切り身にする。基礎調理を魚屋はしてくれた。今でも町の魚屋や、スーパーなどの魚売り場でも、短冊の刺身を切って皿に盛ってくれたりはしてくれる。

腕のいい魚屋とは、包丁捌き、料理人としての腕のことでもあった。

「芝の浜へ行く」。魚河岸は江戸の台所と言われた日本橋じゃないのか？

芝の浜、今の田町あたりにも魚市場があった。ＪＲ田町駅の近くに「芝浜雑魚場《ざこば》」の碑がある。江戸湾近海のごく庶民の食べる魚は、芝の浜のほうで取引されていた。

三代目桂三木助は、「隅田川で白魚が獲れた」というマクラでおなじみ。芝浜の情景描写が聞かせどころだが、案外にあっさり演じている。古い人に話を聞くと、「芝浜」っていう噺は、昔はそんなに色濃く演じるものではなかったらしい。今は夫婦のやりとりを克明に描くことで、夫婦の心の機微で涙をさそう。このやり方は、志ん朝、談志、五代目圓楽あたりからだと思う。

昔は一般庶民が魚を食べることはそんなにはなかった。焼き魚が一般化するのは七輪が出来てから。しかし、それ以前からも、煮魚や刺身は食べていた。

高価ではあったが、庶民でも食べることはあった。だから、魚屋という商売が成り立つ。

「猫の災難」

「あー、熊さんかい。いやね、うちの猫が病気になってさ。脇からお見舞いに、ってんで鯛をもらってね。やわらかいところを煮て食べさせたんだよ。頭と尻尾が残っちまったんだけれど」

なんという噺の設定なんだ。高価な魚。しかも鯛だ。なかなか庶民が食べられるものではない。その鯛を煮て、猫に食べさせた。で、残った頭と尻尾の行方が噺の展開になる。

「鯛の頭を捨てる？　もったいないなぁ。眼肉ってね、眼のまわりの肉がうまいんだよ」

「そうなのかい？　うちじゃ、身のところしか食べないから」

「捨てるなら、あしがもらいますよ」

「もらってくれるのかい、悪いね」

「悪いことはございません。大きな鯛だね。これを猫のお見舞いにもらったの？　猫によろしく言ってください」

熊さんは頭と尻尾だけの鯛に笊《ざる》をかぶせた。真んなかの骨だけの胴が隠れて、あたかも鯛が一匹あるように見える。そこへ友達がやって来る。

「いるかい。どうでえ一杯やらねえか」

「嬉しいね。俺もお前と飲みてえと思っていたんだがな。生憎《あいにく》と銭がねえんだ」

「何を言ってるんだよ。俺は今日は懐具合がいいんだ。今日は俺が酒を買おうじゃねえか」

これが江戸っ子だ。ない時はしょうがないが、ある時は出すものだ。お互い様だから、酒を奢ったって恩着せがましいことは言わない。

二人が酒を飲もうと話がまとまった時に、あるものが目に入る。

「おい、台所にスゲエ鯛があるじゃねえか」

「あー、あれはもらったんだよ」

「おい、あんな鯛をもらったんなら、なんで俺を呼ばないんだよ。友達甲斐のない奴だなぁ。あれを肴に一杯やろうじゃないか」

「いや、あれはね……」

「何があれはだよ。あれを三枚におろしてよ、刺身だとか塩焼きだとか、いろいろ食おうじゃねえか」

「う、うん、いや……」

「じゃ、酒買ってくるぜ」

刺身にも塩焼きにも出来ない。鯛の身はないんだ。

酒を買って帰って来た男に、熊さんは嘘をつく。三枚におろしたところを猫に盗まれた。いや、ホントは猫のお余りをもらったんだけれどね。

「そんなわけだから、お前も我慢してくれ」

「しょうがねえなぁ。じゃ、俺が肴も探してくるわ」

「気の毒だな」

「まったく気の毒だよ。せっかく鯛が食えると思っていたのによ」

「鯛じゃなくてもいいじゃねえか」

「そうはゆかない。なければなんでもいいが、あれだけの鯛を見ちまったんだ。鯛が食いたいじゃないか。探してくるよ」

そう。鯛なんてえのは、魚屋に行っても、いつでも売っているものではなかった。

高価だから、仕入れて売れなかったら大損だから、注文で仕入れるか、ある程度、鯛が売れる顧客を持っている魚屋が仕入れた。河岸に行って、いい鯛があったら仕入れて、得意先に持ってゆく。「これだけの鯛は滅多に手に入りませんよ」、あとはセールストークで売った。セールストークも魚屋の「腕のよさ」だったのかもしれない。

友達は魚屋を四、五軒まわって、やっと鯛を見つけて来たら、熊さんは高鼾《たかいびき》。なんで寝ていたのか。

魚は魚屋で買う以外の入手法はないのか。鯛や秋刀魚、海の魚は買うしかないが、川や池で釣るという方法もあった。

落語には「野ざらし」「啞の釣り」「馬のす」など、釣りを題材にした噺がいくつかある。

「啞の釣り」

これは犯罪だ。殺生禁断の不忍池に釣りに行って鯉を釣ろうという話。

不忍池は今の上野の不忍池。寛永寺の寺領のため、寺侍が見まわっていた。禁漁であるから、鯉も釣られることはないので安心して泳いでいる。だから釣り糸を垂れれば、すぐに食いつく。

不忍池で鯉を釣るのを稼業にしている七兵衛が、うっかりそのことを与太郎に喋ってしまい、与太郎を鯉釣りに連れて行くことになった。寺侍に捕まれば、痛い目にあわされるだけでは済まされない。寺社奉行所に突き出されれば、場合によっては死罪だ。だが、寺侍にも人情があるから、情けに訴えれば許してもらえる。

「殺生禁断は百も承知でございます。私に一人の母がございます。ながの病に臥せっております。鯉が食べたいと申しますが貧乏暮らし、とても買い求めることが出来ません。悪いこととは百も承知で、殺生禁断の池に参りました。この鯉を親に食べさせ喜ぶ顔を見た後で名乗って出る所存でございます」

お約束で与太郎が失敗し、連鎖して七兵衛も失敗する。

この科白《せりふ》から思うに、貧乏で魚が買えなければ、釣るという手段もあったのだろう。いや、釣りなんていうのは実は技術がいる。道具だってなければ出来るもんじゃない。何より時間が掛かる。

「野ざらし」のマクラ、馬鹿の番付の西の大関が「釣りをする人」。釣れるかどうかわからないのに、長い時間釣り糸を垂らしているのが馬鹿だという。馬鹿かどうかはともかくも、時間が掛かることは確かだ。

「貧乏暇なし」という諺の通り、貧乏人は暇なんてないんだ。食うために働かなきゃならない、仕事がなければ職探しだ。釣りをしている時間なんて貧乏人にはない。釣りをするくらいなら働いた金で魚を買ったほうが早い。

ではなんで釣りをするか。釣りはあくまでも趣味だ。「野ざらし」の主人公は浪人、暇をもてあましている。暇な浪人でも、

「魔日というか、一日釣り糸を垂らしても一匹も釣れない」

釣れないのは悔しいが、浪人だから、すぐに諦められる。

「こんな日は殺生はしてはならぬのだと帰りかかる」

簡単に釣って食べられるものでもない。やはり魚は特別な時に食すものだ。

四、婚礼・祝い事

嬉しいことは皆で祝う。

婚礼の日にはご馳走が出る。酒も出る。

婚礼の落語もいろいろある、「松竹梅」「高砂や」など。婚礼の様子はわかるが、婚礼のご馳走にどんなものが出されたのかはわからない。

ご馳走と言えば、尾頭付《おかしらつき》というのはある。魚だ。切り身でない、尾と頭がついた魚。

これが縁起物と呼ばれた。


「鮑のし」

婚礼の祝いの噺だ。

甚兵衛は仕事がなく、今日、食べるご飯がない。そこで女房のおみつが知恵を働かせる。

「お隣の山田さんに五十銭借りておいで」

「五十銭でおまんま食べるのか」

「五十銭でおまんま食べたら、なくなっちまうだろう。その五十銭で魚屋に行って尾頭付を買っておいで」

「魚なんか食いたくない。おまんま」

「だから、おまんま食わしてやろうっていうんだよ。今日、大家さんのところで婚礼があるから、お祝いだって言って尾頭付を持って行くんだ。そうすると大家さんはお返しって一円くれるから。そこから五十銭山田さんに返して、残りの五十銭で私とお前さんでおまんま食べるんだ」

考えたね。考えたのか。山田さんはすぐに五十銭貸してくれたが、大家さんが一円お返しくれる保証はない。あくまでも仮定の話だ。

事実、甚兵衛は魚屋に行くと、

「尾頭付かい。この鯛を持っていきな」

「わー、でけえ魚だな。いくらだい」

「五円だ」

「いくらかまからないか」

「甚兵衛さんのことだ。まけないこともないが、いくらまける？」

「五十銭」

五円のものを五十銭にはまけられない。頭がついているからって、鰯や秋刀魚でいいわけがない。鯛が五円なら、平目や鰤も五十銭では買えまい。尾頭付の値段の相場もおみつは知らないのか。

甚兵衛が五十銭しか持っていないと知って魚屋が提案する。

「ここに鮑《あわび》がある。一つ二十銭、三つ六十銭だが、五十銭にまけてやるよ」

甚兵衛は鮑を買う。

「なんだって鮑なんか買ってくるの、尾頭付って言ったろう」

「頭のついている魚は鯛しかないんだ。鯛は五円で、五十銭にはまけてくれない」

「しょうがないねえ。じゃ、鮑でいいから、大家さんのところへ持っておいき」

これから、甚兵衛はまわらない舌でおみつに口上を習い、大家の家へ行く。

「これはお前さんの了見で持ってきたのか、それともおみつさんは承知か」

大家が聞く。おみつは教養があることは、大家も知っている。

「お前さんの了見で持ってきたなら、ありがたく頂戴するが、おみつさんが承知となるといただくわけには参りませんな。昔から、磯の鮑の片想いと言って、婚礼では鮑は嫌われるんだ。おみつさんが知らないわけはない。だから、受け取れません」

ほら、こういうアクシデントが起こる。

女の利口の駄目なところはこういうところだ、と落語はいう。すべからくの女性が浅知恵だと言っているわけではない。昔の話で、学問のある女性はいたが、社会で働いている女性は少ない。だから、昔の女性は危機管理能力が低かったという話だ。

泣きながら帰る甚兵衛に魚屋が声を掛ける。

「熨斗《のし》の根本を知っているか。熨斗っていうのは、皆、鮑の貝から出来ている。紀州鳥羽浦には海女がいる。海女ったって色が白くて赤い腰巻しているもんだと思っているだろうが、ホントは潮風に吹かれてお色は真っ黒けだ。その海女が海に入って磯の鮑を取って来て、それを釜に入れて蒸して薄刃の包丁でさくんだ。筵を敷いて、それを並べて、後家でいけず、やもめでいけず、仲のいい夫婦が一生懸命こしらえて熨斗になる。それほどめでたい熨斗の根本が鮑だ」

落語はためになるね。熨斗の根本まで教えてくれる。もっとも今は、熨斗なんていうのは印刷だけれど、なんで熨斗なんて貼るのかがわかると、祝い事も楽しくなる。

「黄金の大黒」

他人を呼んでご馳走を振る舞うのはどんな時か。

「黄金の大黒《だいこく》」は、

「うけたまわりますれば、おたくのおぼっちゃんと長屋の子供たちが普請場《ふしんば》（工事現場）で遊んでおりました。こちらのおぼっちゃんが黄金の大黒様を掘り出したそうで実にめでたいことでございます。大黒様のお祝いで今日はお招きくださって、ありがとうございます」

幸福を独り占めしないのが、江戸っ子だ。

「おいおい、立派な鯛だ」

「俺は鯛はあまり好きじゃないんだ」

「鯛が嫌いなのか？　なら、俺にくれよ」

「なんでお前にやらなきゃいけないんだよ。ただではやれない。いくらで買う」

「二十文でどうだ？」

「二十文は安いよ。もう一声」

「じゃ、二十五文でどうだ」

「もう一声」

「三十文」

「売った」

「買った」

ご馳走になる料理を売ったり買ったり、貧乏人は辛い。辛いなかににじみ出るおかし味だ。

五、菓子　羊羹・まんじゅう

江戸時代も菓子は食されたが、ごく高級なものだった。

落語では、長屋の八つぁん、熊さんが隠居の家に遊びに行く噺がある。

隠居は長屋の横丁に住んでいる。

「どうだい、八つぁん、羊羹は召し上がるかね」

「どうもねえ、あっしは酒飲みなものでね。羊羹なんか食べると」

「羊羹は駄目かい」

「ええ、五本も食べたら、げんなりしちゃう」

羊羹を五本も食べる奴はいない。

落語の導入部では、お茶を出したり羊羹を出したり、そんな細かなことで、訪ねて来た人、迎える人との人間関係や、その人たちの性格などが描かれる。隠居は別だが、一般に来客に羊羹を出すというのは、儀礼的な場合が多い。

高級菓子ではあるが、決して庶民に手の届かないものでもない。江戸時代の中期以降はいたってポピュラーな茶菓子として、江戸っ子にも愛されたのだろう。

「小言幸兵衛」

大家の幸兵衛のところへいろいろな人たちが借家を借りに来る。二番目に来た仕立て屋の男がいたって常識人で言葉遣いが丁寧、いつもは高圧的な幸兵衛が態度をころりと変える。

「ばぁさん、お茶いれて。あと羊羹も。ありません？　ないわけないだろう。古い？　いつのだい。安政の頃？　あー、構わないよ。どうせこの人は食べないから」

お茶も羊羹もあくまで形式だ。相手に敬意を示している。そんな古い羊羹で敬意を示されても困るが、出されたほうも茶菓子なんぞはガツガツ食べないのが常識というものなのだろうか。

羊羹が日本へ伝わったのは鎌倉時代の頃。中国へ留学した禅僧が伝えた。当時は、肉食をしない僧侶が食べる精進料理の一つ、小豆、葛粉、小麦粉を用いて肉類に見立てたもの。今日のような煉《ねり》羊羹になったのは、寒天が発見された江戸時代の中期以降だという。

菓子は茶の湯の席で発展した。落語にも茶の湯を題材にしたものがある。

「茶の湯」

若いうちから働くことしか知らない男が年を取って根岸に隠居した。あたりは田舎で寂しい。身のまわりの世話をする小僧が一人いるきり。毎日退屈でしょうがない。たまたま隠居所の前の住人が茶人だったところから、家に茶道具がある。なら、茶の湯でもはじめてみようか、ということになったが、隠居は茶の湯の作法なんて知らない。作法はおろか、「茶の湯」がなんであるかも知らないのだ。誰かに習えばいいものを、何ごとも自己流でやろうとして失敗する。

小僧に聞かれて、「知らない」とは言えない。

「忘れた」

「忘れたんじゃない。知らないんでしょう」

「忘れたんだ。やれば思い出す」

「なら、おやりなさい」

「うん。まず、茶碗に入れる青い粉、あれがなんだか忘れた」

「なんだ、あれか」

「お前、知っているのか」

「買ってまいります。買ってきました」

「どこへ行って来た」

「乾物屋です」

「何を買って来た」

「青黄粉です」

「そうだそうだ。青黄粉だ。これで茶の湯が出来る」

出来るわけがない。

青い粉はもちろん、お茶の粉。

ちなみに青黄粉とは、黄粉に青海苔で緑に着色したもの。

そんなものにお湯を入れても泡なんか立たない。

「あれを入れれば泡が立ちますよ」

「なんだ？」

「椋《むく》の皮です」

「そうだ、思い出した。椋の皮だ。買っておいで」

椋の皮は、早い話が洗剤だ。そら、泡は立つ。

泡は立つが飲めたものじゃない。

そんなのを、客に飲ませた。

客は驚いた。驚いたけれどもね、隠居に恥をかかせてはいけない。

「なんだ、これは、何を飲ませやがった！」

なんてことは言わない。

「結構なお手前でした」と帰ってゆく。これが思い遣りだ。

だが、とても飲めるものじゃないものを飲まされる。たまらない。せめて口直しにと、買って来た高級羊羹が出されるから、皆、これをパクパク食べて帰る。悪い奴は二、三本失敬していく。

菓子屋の請求書を見て、もともと細やかな方ですから、なんか安い菓子はなかろうか。薩摩芋を買ってきまして、蒸かして皮むいて、すり鉢に入れて、黒砂糖と蜜入れて、これを油敷いた猪口に入れて、形を作る。油でてかっておりますから、見た目にはうまそうな菓子ですが、食べられるもんじゃない。これを利休まんじゅうと名付けて出した。

客はお茶で驚き、まんじゅうで二度びっくり。

「まんじゅうこわい」

菓子はうまいのを食いたい。

町内の若い者が集まって馬鹿話。「何が怖いか」について話していると、「怖いものなんかない」という男が現われる。

「万物の霊長たる人間が、動物や虫などを怖がってどうする」

だが、男は怖いもの、まんじゅうを思い出し、寝込んでしまう。

「皆、ちょっと集まれ。聞いたか？　野郎、まんじゅうが怖いってよ。こいつは耳寄りな話だぜ。いや、あいつくらい普段から癪《しゃく》にさわる野郎はいねえよ。おりがあったらやっつけてやりてえと思っていたが、まんじゅうが怖いとはありがてえや。皆でまんじゅうを山と買ってきて、野郎が寝ている枕元に並べて、驚かしてやろうじゃねえか」

「およしよ。あんなに怖がってるんだぜ。話を聞いただけで顔色が変わってるんだ。目をさまして枕元にまんじゅうが並んでいたら、心臓麻痺で死ぬかもしれない」

「死んだって構うもんか」

「まんじゅうで殺したら暗（餡）殺になるぞ」

「大丈夫だよ。いいから買って来い」

悪い相談はすぐにまとまる。

「おう、買って来たか。そこにお盆があるだろう。それに載せて。おう、腰高まんじゅうか。そっちは、唐《とう》まんじゅう。おあとは、蕎麦まんじゅうに、葛まんじゅう、田舎まんじゅうに、あー、栗まんじゅうか。そっちは、中華まんじゅう、変なものを買ってくるなぁ。チョコレートまんじゅう？　まぁ、いいや。それを野郎の枕元に置いて」

腰高まんじゅうは腰高にふっくら作ってあるまんじゅう。祝事の配り物や葬式まんじゅうに用いた。

唐まんじゅうは、卵、小麦粉、砂糖などで作ったカステラ生地に餡を包んだもの。他にも、弘法大師や栄西が中国から伝えたと言って「唐まんじゅう」としているものもあるが、江戸の唐まんじゅうは唐趣味（外国風）という意味で、西洋の雰囲気のするカステラ系のものを言う。

蕎麦まんじゅうは蕎麦の粉で皮を作った。味わいも素朴で、香りがいい。

葛まんじゅうは葛で餡を包んだもの。透明で涼しい感じがするので夏場のお菓子にいい。

田舎まんじゅうというのは特定が難しいが、薄皮で餡がはみ出しているようなものが多い。ごく素朴な味。

栗まんじゅうも、皮に栗の粉を練りこんだものと、餡のなかに栗を仕込んだものがある。栗のような形に焼き上げるのがポイントだ。

中華まんじゅうは、中国風の饅頭《まんとう》か。

チョコレートまんじゅうも栗まんじゅう同様、チョコレートを皮に練りこんだまんじゅう。近年のものには、皮でチョコレートを包んだものもある。

さて、枕元に積まれたまんじゅうに驚いた男はあろうことか、まんじゅうをパクパク食べはじめた。ホントはまんじゅうが大好きだった。

大人だって甘いものには目がない。ましては砂糖が高価で甘いものなんて滅多に食べられない時代だ。まんじゅうで驚いて死ぬ奴なんていない。たらふく食って、食い過ぎて死んだら本望だ。

あとがき

私らが子供の頃は、ご馳走と言えば、デパートの食堂だった。

小学校低学年くらいまでは旗の載ったお子様ランチだったが、高学年になると、ハンバーグやスパゲティ・ナポリタンとなった。洋食だけでなく、中華料理や寿司など、なんでもあった。しかしいま、デパートに行っても、専門店のレストランばかりになって、なんでもある食堂は滅多に見かけなくなってしまった。

明治から昭和のはじめ頃のご馳走はと言えば、洋食だろう。いまもあちこちに洋食屋はある。フレンチやイタリアン、だけど西洋料理じゃない。日本料理の洋食。洋食っていうのは、よく出来た日本料理だよ。

近代になって、西洋料理をヒントに、日本人好みの味に工夫された料理が洋食だ。ハンバーグをフライにするからメンチカツね。カレーだって、インド料理がイギリスを経て日本に来た。日本のカレーと言えば、じゃがいも、玉葱、人参の入った黄色い、インドでもイギリスでもないカレーだ。

じゃ、江戸のご馳走はなんだ？　本屋には、江戸のご馳走本はいろいろあって、将軍様の食べた何汁何菜のレシピ本なんかが売っていたりする。実は、その手の本を買って、鯛と豆腐の煮付けなんかをこしらえたこともある。

そこそこうまかった。でも現代人の私らは、ぶ厚いステーキとか、タルタルソースの掛かった白ワインで蒸した鮭とか、まぁ、普通の焼肉や、餃子や焼売のほうがうまいかもしれない。

今、浅草とか神田の有名蕎麦屋に行くと、「江戸の味だ」とか言って、板わさと玉子焼きと焼き海苔を酒の肴に一杯やって、締めに蕎麦を二枚くらい、なんていうのが粋な食べ方なんだそうだ。うん。決して、悪くはない。出汁の利いた独特の玉子焼きはうまいし、焼き海苔なんかも香ばしくていいが。まぁ、蕎麦屋だから、蕎麦を食べればいいんじゃないか。

ご馳走の考え方も人それぞれ。

ここで紹介したご馳走は、庶民が日常のなかで、おいしいと感じたもの。江戸っ子だから、毎日、お米のご飯を食べるだけでも、それが、なぜか日常的なご馳走で誇りだった。

七輪が出来て、旬の秋刀魚でも、鰯でも、魚があればご馳走だ。そんな庶民の味に思いを寄せていただければと思う。

平凡社新書の三冊目は、誰でも明日にでも試すことが出来る庶民のご馳走。お楽しみいただけましたら幸いです。

平凡社新書編集部の和田康成さんには、たいへんご尽力いただきました。読んでいただきました皆様にも感謝です。

二〇一九年十月

稲田和浩

【著者】
稲田和浩（いなだ かずひろ）
1960年東京都生まれ。大衆芸能脚本家、作家、ライター。日本脚本家連盟演芸部副部長、文京学院大学外国語学部非常勤講師（芸術学）。おもに落語、講談、浪曲などの脚本、喜劇の脚本、演出を手掛ける。著書に『食べる落語——いろはうまいもんづくし』（教育評論社）、『浪曲論』（彩流社）、『にっぽん芸能史』（映人社）、『そんな夢をあともう少し——千住のおひろ花便り』（祥伝社文庫）、『落語に学ぶ大人の極意』『水滸伝に学ぶ組織のオキテ』（ともに平凡社新書）などがある。

平　凡　社　新　書　9　2　6

江戸落語で知る四季のご馳走

発行日——2019年11月15日　初版第1刷

著者————稲田和浩
発行者———下中美都
発行所———株式会社平凡社
東京都千代田区神田神保町3-29　〒101-0051
電話　東京（03）3230-6580［編集］
東京（03）3230-6573［営業］
振替　00180-0-29639
印刷・製本—株式会社東京印書館
装幀———菊地信義

ISBN978-4-582-85926-3
NDC 分類番号779.13　新書判（17.2cm）　総ページ232
平凡社ホームページ　https://www.heibonsha.co.jp/